잠재력을 깨우는 교육

잠재력을 깨우는 교육

초판 1쇄 발행   2020년 6월 30일

원제   To Educate The Human Potential(1948)
지은이   마리아 몬테소리
옮긴이   정명진
펴낸이   정명진
디자인   정다희
펴낸곳   도서출판 부글북스
등록번호   제300-2005-150호
등록일자   2005년 9월 2일

주소   서울시 노원구 공릉로 63길 14(하계동 청구빌라 101동 203호)
           (01830)
전화   02-948-7289
전자우편   00123korea@hanmail.net
ISBN   979-11-5920-130-1 03370

To Educate The Human Potential

잠재력을 깨우는 교육

마리아 몬테소리 지음   정명진 옮김

머리말

이 책은 『새로운 세상을 위한 교육』(Education for a New World)을 잇는 것으로서, 선생들이 만 6세 이상인 아이에게 팔요한 것이 무엇인지를 그리는 데 도움을 주기 위해 쓰였다. 우리는 12세 된 평균적인 소년이나 소녀가 그때까지 몬테소리 학교에서 교육을 받았다면 일반 교과 과정에서 고등학교를 마친학생들만큼 많이 안다고 주장한다. 또 그 같은 성취가 소년이나소녀의 육체나 정신에 고통이나 상처를 전혀 안기지 않은 상태에서 이뤄졌다고 주장한다. 오히려 우리 학생들은 완전한 존재로서 삶의 모험을 떠날 준비를 잘 갖추고 있고, 자신의 의지와 판단력을 자유롭게 활용하는 데 익숙하고, 상상력과 열정으로 한껏 고양된 상태에 있다. 오직 그런 학생들만이 문명화된 나라에서 시민으로서의 의무를 제대로 수행할 수 있다.

첫 4개의 장은 주로 심리학적인 내용이며, 선생이 만 6세가 된 아이를 다룰 때 직면하게 되는 변화한 인격이 어떤 모습인지를 보여줌과 동시에 그런 인격에 접근하는 방법도 그에 상응하는 변화가 필요하다는 점을 보여준다. 성공의 비결은 아이의 관심을 불러일으킬 때 상상력을 제대로 이용하고 또 글과 그림으로 된 매력적인 자료에 의해 이미 뿌려진 관심의 씨앗을 제대로 자극하는 데 있는 것으로 드러난다.

그러나 모든 것은 대단히 고귀한 영감을 주는 핵심적인 어떤 사상과 연결되어 있어야 한다. '우주적 계획'(Cosmic Plan)이 바로 그것이다. 이 계획 속에서 모든 것은 의식적으로든 무의식적으로든 생명의 위대한 목표에 이바지하고 있다. 진화의 개념이 최근의 지질학적, 생물학적 발견에 의해 어떤 식으로 수정되었는지가 설명된다. 그런 발견으로 인해, 오늘날 자기완성은 기본적인 자연적 충동들에 충실하게 이바지하는 것보다 뒤로 밀려나야 했다.

그 다음 8개의 장은 물이 자연의 목적을 성취하는 데 동원되었던 주요 요소였던 때에 우리가 살고 있는 이 지구에 관한 재미있는 이야기를 통해서 우주적 계획을 아이에게 어떤 식으로 제시할 수 있는지를 보여준다. 또 땅과 바다가 서로 주도권을 잡기 위해 어떤 식으로 싸웠는지, 원소들의 균형 상태가 어떻게 성취되었는지를 설명하고, 그리하여 생명이 위대한 드라마에서 중요한 어떤 역할을 맡기 위해 무대에 등장하게 되었다는 점을 보여준다.

우리가 지금 알고 있는 지구의 창조가 아이의 상상력 속에서 전개되어야 하며, 언제나 각 행위자가 자연이라는 가족 안에서 의식적으로나 무의식적으로 수행해야 하는 기능이 강조되어야 한다. 이 기능을 제대로 수행하지 않는 행위자는 멸종의 길을 걷게 되어 있다.

그렇다면 그 이야기는 구석기인이 나타나던 때까지로 거슬러 올라간다. 구석기인의 흔적은 연약한 구석기인이 남긴 육체적 잔존물보다는 그가 환경을 상대로 사용했던 도구를 통해 더욱 의미 있게 추적할 수 있다.

정신이라는 새로운 요소가 인간에 의해 창조되었으며, 그때부터 진화에서 일어난 엄청난 가속도를 아이들이 볼 수 있도록 도와 줘야 한다. 아이들은 알지도 못하는 목표들을 위해 노력했던 초기의 인간 선구자들을 존경하는 것을 배운다. 그 목표들은 지금은 인식되고 있지만 그때는 전혀 알려지지 않은 상태였다.

유목민들과 정착민들은 똑같이 초기의 공동체를 건설하는 데 기여했으며, 전쟁과 평화를 교대로 겪음으로써 사회적 편의들을 서로 공유하며 퍼뜨렸다.

13장부터, 초기의 문명들이 서로에게 끼친 영향을 보여주기 위해서 그 문명들 중 일부에 대한 묘사가 간단히 이뤄진다. 아울러 인간 사회가 통합 쪽으로 서서히 조직되는 것을 보여준다. 이것은 개별 인간 존재 안에서 신체 기관들이 '관심의 중심들' 주위로 별도로 건설되었다가 나중에 혈관 순환계와 신경에 의해 연결되면서 하나의 통합된 인간 생명체가 되는 것과 다를 바가 없다. 그래서 아이는 세계 역사에서 가장 섬뜩한 시대의 일부를 검토함으로써 지금까지 인류는 태아기의 단계에 있었다는 것을, 또 인류가 이제야 진정한 출생의 단계로 들어가고 있다는 것을 보면서 인류의 진정한 통합과 기능을 의식적으로 깨달을 수 있게 된다.

마지막 장들은 심리학적 관점으로 돌아가서 교육자들에게 자신들의 임무가 국가와 세계에 지니는 중요성을 깨달을 것을 요구한다. 선생은 정치적 또는 사회적 신념을 위해서 일하는 것이 아니라 완전한 인간 존재, 말하자면 스스로 다진 의지와 판단력을 자유롭게 행사하면서 편견에 지배당하지 않고 두려움에 떨지 않는 그런 인간 존재를 낳기 위해 노력해야 한다.

차례

1장

우주적 계획을
마주하고 있는 6세 아이

6세와 12세 사이의 교육은 그 전에 있었던 교육을 바탕으로 할지라도 그 교육의 직접적인 연장은 아니다. 이 나이의 아이의 인격에 심리학적으로 결정적인 변화가 일어나며, 우리는 자연이 이때를 문화를 습득하는 시기로 만든 것으로 알고 있다. 그 전의 시기가 환경을 흡수하는 시기였던 것과 다를 바가 없다.

우리는 이미 상당히 발달한 의식을 마주하고 있다. 그러나 지금 그 의식은 특별한 어떤 방향을 가진 상태에서 밖으로 향하고 있다. 아이의 지능도 밖으로 향하며, 아이는 사물들의 이유를 알고자 하는 마음을 어느 때보다 강하게 드러낸다.

지식은 배우고자 하는 열망이 있는 곳에서 가장 쉽게 습득될 수 있다. 그래서 이 시기는 모든 것들의 씨앗이 뿌려지는 시기이기도 하다. 아이의 정신은 비옥한 땅과 같으며, 문화로 커갈 수 있는 것이면 무엇이든 받아들일 준비가 되어 있다.

그러나 만약 아이가 이 기간에 무시당하거나 욕구를 채우지 못해 좌절한다면, 아이의 정신은 부자연스럽게 둔해지고, 따라서 앞으로는 주어지는 지식에 저항하게 된다. 만약 씨앗이 너무 늦게 뿌려진다면, 관심은 더 이상 없을 것이지만, 6세에 문화의 온갖 아이템들은 열광적으로 받아들여지고, 이 씨앗들은 후에 확장하며 성장할 것이다.

이때 얼마나 많은 씨앗을 뿌려야 하느냐고 묻는다면, 나는 "최대한 많이!"라고 대답한다. 우리 시대에 주변에서 벌어지고 있는 문화적 발달을 보라. 그러면 아이에게 제시해야 할 문화적 씨앗엔 절대로 제한이 있을 수 없다는 사실이 확인될 것이다. 이유는 아이의 의지가 선택된 활동이 벌어질 드넓은 들판이기 때문이다. 아이가 무지 때문에 활동에 방해를 받는 일이 일어나서는 절대로 안 된다. 그러나 현대 문명의 전부를 주는 것은 불가능한 일이며, 그래서 특별한 방법의 필요성이 대두된다. 6세 된 아이에게 문화의 모든 요소를 소개할 수 있는 방법 말이다.

그 방법은 아이에게 강의계획서에 따라 세부적으로 정확하게 전하는 것이 아니라 관심의 씨앗들을 최대한 많이 광범위하게 전하는 것이어야 한다. 이 씨앗들은 정신 속에 가볍게 깃들어 있다가 훗날, 그러니까 의지가 더욱 지배적이게 될 때에 발아될 수 있을 것이며, 따라서 아이는 지금과 같은 확장의 시대에 적절한 개인이 될 것이다.

이 연령대를 위한 교육의 두 번째 측면은 아이가 도덕 영역을 탐구하는 것과 관계있다. 아이가 선과 악을 구분하도록 돕는 것이 중요해진다는 뜻이다. 아이는 인상을 쉽게 흡수하는 그런 수동적인 존재가 더 이상 아니다. 이제 아이는 단순히 사실들을 받아들이는 것으로 만족하지 않고 스스로 이해하기를 원한다. 도덕적 활동이 발달함에 따라, 아이는 자신의 판단력을 이용하길 원하게 되고, 이때 아이의 판단은 선생들의 판단과 꽤 다를 것이다.

이 연령대의 아이에게 도덕적 가치를 가르치는 것만큼 어려운 일도 없다. 아이는 우리가 말하는 모든 것에 즉각 대꾸하면서 반항아가 되고 있다. 어머니들은 사랑과 애정으로 넘치던 아이가 불손하고 무모하게 남을 지배하려 드는 탓에 종종 마음을 심하게 다친다. 내면의 변화가 일어났지만, 꽤 논리적이게도 자연은 아이의 내면에 지식과 이해에 대한 굶주림뿐만 아니라 정신적 독립에 대한 욕구를, 말하자면 자신의 힘으로 선과 악을 구분하고 독단적인 권위에 의한 제한에 분개하려는 욕구를 불러일으킨다. 도덕 영역에서, 아이는 지금 내면에 어떤 빛의 필요성을 느끼고 있다.

그럼에도 6세가 된 아이에게서 관찰하게 될 세 번째 흥미로운 사항은 아이가 다른 사람들과 결합하길 원한다는 점이다. 단순히 집단을 이루기 위해서가 아니라 어떤 조직적인 활동을 위해서다. 아이는 각자가 서로 다른 지위를 갖는 그런 집단에서 다른 아이들과 섞이기를 좋아한다. 한 사람을 지도자로 선택하고 그 사람에게 복종한다. 이리하여 강력한 어떤 집단이 형성된다. 이것은 자연스런 경향이며, 이를 통해 인류가 조직된다.

만약 사회적 관심과 정신적 예리함이 특징으로 꼽히는 이 시기에 아이에게 세계를 보는 눈과 마음을 넓힐 문화의 모든 가능성들이 제시된다면, 이런 조직이 형성되고 발달할 것이다. 아이가 도덕 분야에서 습득한 빛의 양과 그 아이가 형성한 고상한 이상들은 훗날 사회적 조직의 목표에 유익할 것이다.

그러나 굶주린 지성의 욕구를 채워주고, 탐험을 갈망하는 아이에게 지식의 거대한 분야를 열어주는 것에 비하면, 다른 모든 요소들은 그다지 중요하지 않다. 만약 이 과제를 어떠한 방법도 없는 상태에서 시작한다면, 그것을 성취하는 것은 완전히 불가능하다는 사실이 확인될 것이다.

그러나 우리는 그 문제를 풀 수 있는 비결을 이미 알고 있다. 아주 어린 아이들을 통해서 그 비결을 알 수 있게 된 것이다. 우리도 아이에게 모르는 존재가 아니고 아이도 우리에게 모르는 존재가 아니며, 우리는 아이로부터 심리학의 근본적인 원리를 몇 가지 배웠다.

한 가지 원리는 아이가 자신의 개인적 활동을 통해서 배워야 하고, 따라서 아이가 필요한 것을 선택할 수 있는 정신적 자유를 누리고 아이가 선택을 하면서 의심을 사고 있다는 느낌을 받아서는 안 된다는 것이다.

우리의 가르침은 아이의 정신적 필요에 대답하는 것이어야 하며, 아이들을 명령해서는 안 된다. 어린 아이가 동작들을 조정해야 하는 필요성 때문에 차분히 앉아 있을 수 없듯이, 나이가 조금 더 많은 아이는 자신이 보는 모든 것에 대해, 그것이 무엇이고 어디서 생겨났으며 존재하는 이유가 무엇인지 알고 싶어 하는 호기심 때문에 문제를 일으키는 것처럼 보이지만, 실은 아이는 이런 정신적 활동을 통해 자신의 정신을 건축하고 있다.

따라서 아이에겐 정신을 가꿀 문화의 넓은 영역이 제시되어야 한다.

가르치는 과제 자체는 쉬워진다. 왜냐하면 우리가 가르칠 것을 선택할 필요가 없고 아이의 정신적 욕구를 만족시킬 모든 것을 아이 앞에 놓아두기만 하면 되기 때문이다. 아이는 선택의 자유를 누려야 하며, 그러면 아이는 경험을 거듭하는 것 외엔 아무것도 필요하지 않으며, 아이가 원하는 지식을 습득하는 과정에 점점 더 많은 관심과 주의를 쏟는다는 사실이 두드러질 것이다.

몬테소리 학교에 다닌 6세 아이는 그런 경험을 하지 않은 아이만큼 무식하지 않을 수 있는 이점을 누린다. 그 아이는 읽기와 쓰기를 알고 있으며 수학과 과학, 지리와 역사에 관심을 갖고 있다. 그렇기 때문에 그 아이에게 지식을 추가로 소개하는 일은 쉽기 마련이다.

선생은 이미 문화의 바탕을 습득한 개인을 마주하고 있다. 이 개인은 지금 그 문화의 바탕 위에 무엇인가를 건설하기를 고대하고 있으며, 관심이 가는 것이면 무엇이든 배우며 깊이 침투하려 들고 있다.

그때 선생 앞에 너무나 깨끗한 길이 하나 놓여 있다. 그러면 선생에겐 할 것이 아무것도 없는 것처럼 보일 수 있다. 그래도 절대로 그렇지 않다. 선생의 과제는 절대로 작거나 쉽지 않다. 선생은 아이의 정신적 굶주림을 충족시키기 위해 엄청난 양의 지식을 준비해야 한다.

몬테소리 선생은 일반 선생처럼 강의 계획서를 따르지 않는다. 말하자면, 모든 과목에서 어느 시기에는 어떤 내용을 아이들에게 가르쳐야 하고 그 범위를 넘어서서는 안 된다는 지침이나 교육 범위 같은 것은 몬테소리 선생에겐 없다는 뜻이다.

아이가 필요로 하는 것을 충족시키는 일이야말로 강의 계획서를 따르는 것보다 훨씬 더 어렵다. 몬테소리 선생은 더 이상 강의 계획서와 시간표 뒤로 숨지 못한다. 선생은 모든 과목에서 꽤 많이 알고 있어야 하며, 그런 지식을 갖추었을 때조차도 선생은 문제의 껍질 정도만 깨뜨린 정도에서 그칠 것이다.

그래도 선생은 용기를 갖도록 해야 한다. 선생이 절대로 도움을 받지 않는 상태에서 아이를 가르치는 것이 아니기 때문이다. 과학적으로 고안되어 테스트를 거친 어떤 계획이 몬테소리 선생과 함께하는 것이다.

아이에게 아주 많은 것을 줄 필요가 있기 때문에, 아이에게 전체 우주를 아우르는 비전을 전하도록 하자. 우주는 압도적인 하나의 현실이며, 아울러 모든 질문들에 대한 대답이다. 우리는 이 생명의 경로를 함께 걸을 것이다. 이유는 모든 것이 우주의 일부이며 서로 연결되어 하나의 완전한 통일체를 형성하고 있기 때문이다.

이 같은 사상은 아이의 정신이 중심을 잡도록 하면서 뚜렷한 목적 없이 지식을 추구하며 떠도는 것을 멈추도록 한다. 그러면 아이는 만물을 다 가진 자신이 우주의 중심이란 것을 발견하면서 만족한다.

아이의 관심이 중앙으로 모이도록 하는 과정은 분명히 필요하지만, 오늘날의 일상적인 방법들은 그 목적을 이루는 데 효과적이지 못하다. 만약 우리의 모든 가르침이 제한적인 범위를 가진 어떤 한 가지 특별한 주제를 중심으로 이뤄지면서 지식의 디테일을 기억할 수 있을 만큼만 전하는 것으로 한정된다면, 성장 중인 개인의 정신이 어떻게 관심을 지속적으로 가질 수 있겠는가? 관심은 오직 내면에서만 생겨날 수 있는데, 우리가 어떻게 아이가 관심을 갖도록 강요할 수 있겠는가? 외부로부터 유발할 수 있는 것은 오직 의무와 피로뿐이다. 관심은 절대로 아니다. 그 점을 분명히 알아야 한다.

우주의 개념을 아이에게 제대로 제시하기만 한다면, 그 개념은 아이에게 관심을 불러일으키는 그 이상의 역할을 한다. 그것이 아이의 내면에서 경탄과 경이를, 그러니까 어떤 관심보다도 더 숭고하고 더 만족스런 감정을 창조하기 때문이다.

그러면 아이의 정신은 더 이상 방황하지 않고 중심을 잡으면서 일을 할 수 있게 된다. 이제 아이가 습득하는 지식은 체계적으로 조직된다. 아이의 지능은 아이에게 제시된 전체라는 비전 때문에 통합적이고 완전해지며, 아이의 관심은 모든 것으로 퍼져나간다. 이유는 아이의 정신이 중심을 이루고 있는 우주 안에서 모든 것이 서로 연결되어 있고 각자의 자리를 차지하고 있기 때문이다.

별들과 지구, 돌들, 한마디로 말해 모든 종류의 생명이 서로 연결되면서 하나의 전체를 형성하고 있으며, 이 연결이 너무나 밀접하기 때문에 우리는 거대한 태양에 대해 어느 정도 알지 못하는 상태에서는 돌 하나도 제대로 이해하지 못한다. 우리가 건드리는 것이 무엇이든, 하나의 원자든 아니면 세포든, 그것에 대해 우리는 넓은 우주에 대한 지식 없이는 설명하지 못한다. 지식을 끊임없이 추구하는 아이들에게 우리가 해 줄 수 있는 대답으로 그것보다 더 나은 것이 있는가?

우주조차도 충분한지 의심스러워진다. 우주는 어떻게 해서 존재하게 되었으며, 우주는 어떤 식으로 종말을 맞을 것인가? 엄청난 호기심이 일어난다. 결코 충족될 수 없는 호기심이다. 그래서 아이의 호기심은 일생 동안 이어질 것이다.

우주를 지배하고 있는 법칙들이 아이에게 흥미롭고 경이롭게 다가올 수 있으며, 사물들 자체보다 더 흥미로울 수도 있다. 그래서 아이는 질문을 던지기 시작한다. "나는 누구인가? 이 경이로운 우주 안에서 인간의 임무는 무엇인가? 이곳에서 우리 인간은 자신을 위해서 사는가, 아니면 우리가 추구해야 할 더 큰 무엇인가가 있는가? 우리는 왜 투쟁하고 싸우는가? 선은 무엇이고 악은 무엇인가? 이 모든 것은 어디서 끝나는가?"

'진보적 방법'(Advanced Method)의 주춧돌로서, 우주적 교육이라는 이 계획은 1935년에 영국에서 처음 설명되었으며, 이 방법은 우리가 교육 분야의 추가적인 연구를 유익한 방향으로 수행할 수 있는 유일한 길이라는 점을 이미 확고히 입증했다. 이 방법은 글을 전혀 모르거나 무지한 아이에겐 이용될 수 없지만, 몬테소리 학교에서 그것을 간접적으로 준비한 아이에겐 즐거운 마음으로 받아들여진다.

진정으로 말하지만, 이 방법은 절대로 새로운 아이디어가 아니다. 교육이라는 단어의 진정한 의미에서 말하는 그런 교육이

행해지는 곳에선 당연히 자연의 계획이 강조되었고, 이 자연의 계획이 바로 그런 교육 방법이기 때문이다. 또 아이들이 처음에 세상의 창조에 대해, 그리고 세상 속에서 인간의 위치에 대해 배우게 되는데, 이때 이 질문들에 대한 대답이 종교와 철학을 바탕으로 할 때 반드시 자연의 계획 같은 것이 언급되기 마련이기 때문이다. 그 대답은 곧 이런 뜻이다. "신이 너를 이 땅에 보낸 것은 네가 의무를 다하도록 하기 위해서야!" 그러나 이 원칙은 지금 과학적인 계획을 바탕으로 발달시킬 수 있으며, 훨씬 더 매력적인 것으로 다듬을 수 있다.

2장

상상력의 올바른 활용

이 상급 과정은 주로 몬테소리 학급에서 배운 6세 아이를 위해 고안되었다. 이 아이는 이미 문화적 관심을 많이 갖고 있으며, 질서에 대해, 심지어 수학에 대해 깊은 열정을 갖고 있으며, 종종 평균적인 아이에게 방해 요소로 여겨지고 있다. 게다가 이 6세 아이의 손은 이미 세부적인 움직임까지 정신의 안내와 통제를 받고 있다.

　우리의 초기 학교들에서 행해진 실용적인 공부는 대중으로부터 너무나 많은 칭찬을 받았다. 그 결과, 우리가 과학적으로 실시하고 있는 손 훈련은 교육의 대부분 측면에서 다른 방법을 인정하고 있는 학교에서도 대개 채택되기에 이르렀다.

아이들이 보다 높은 수준의 발달을 이룬 이 시기에, 우리는 아이들에게, 특히 수학과 물리학에서 손의 활동을 통해 배울 수 있는 기회를 계속 제공한다. 예를 들어, 아이들은 돌로 아치를 만들면서 압력과 장력의 법칙을 배운다. 시멘트의 도움을 받지 않고 돌이 서로 맞물리도록 배치하는 요령을 배우는 것이다.

우리의 방법이 장비가 충분히 갖춰진 상태에서 적절히 적용되는 곳마다, 아이들은 다리와 비행기, 철도를 건설함으로써 일상적인 학교 공부의 일환으로 정역학(靜力學)과 동역학(動力學)의 원리들을 익히게 된다. 실제 생활에서 온갖 세부사항에 기계적인 장치가 도입되는 곳마다, 몬테소리 방법을 배운 아이들은 전적으로 기계에 의존하고 있는 문명에 적절히 가담할 수 있게 될 것이다.

우리의 방법 중에서 이 부분을 적용하면서, 일부 현대식 학교들, 특히 미국의 학교들은 지나치게 멀리 나가는 경향을 보였다. 그래서 거기선 지적 성장이 이 단계에 이른 아이들이 오직 지능을 발달시킬 목적으로 만들어진 기계에만 매달리는 현상이 나타났다. 그런 학교에서도 자유가 기계들과 함께 교육 현장에 등장했으며, 아이들에겐 할 일을 스스로 선택하는 것이 허용되었다. 여기까지는 좋다.

그러나 이런 식으로 배울 수 없는 것은 중요하지 않고 무시해도 좋을 만한 것으로 여겨지면서 철저히 배제되고 있다. 수학과 그 외의 추상적인 과목들이 배제되는 것들에 속한다. 그런 과목들이 아이가 자유롭고 자발적인 활동을 통해서 이해할 수 있는 범위 밖에 있는 것으로 여겨지기 때문이다. 실용적인 일에 바탕을 두고 있는 이 학교들은 주로 추상적인 과목들을 가르치고 사실들을 암기하게 하는, 소위 "전통적인" 학교들과 정반대이지만, 우리는 이 두 가지 유형의 교육에 똑같이 반대한다.

인격은 하나이며 분리 불가능하다. 모든 정신적 태도는 하나의 중심을 갖고 있다. 이것은 어린 아이가 모든 분야에 걸쳐서 우리의 꿈과 기대를 훨씬 뛰어넘는 일들을 해냄으로써 우리에게 드러내 보여준 비밀이다. 지적 및 추상적인 분야를 포함한 모든 분야에서, 아이의 손이 지능을 갖고 작업하는 것이 허용되기만 하면, 아이는 어른의 예상을 훨씬 능가하는 결실을 만들어냈다.

아이들은 손의 활동을 통해 다루게 될 때엔 추상적인 과목에 엄청난 애착을 보인다. 아이들은 문법과 수학 같은, 지금까지 접근이 허용되지 않았던 지식 분야로도 나아간다. 인간 존재가 손을 갖고 작업을 하기 위해서는 정신은 가만 있어야 한다거나, 정신이 가꿔진 사람은 손으로 하는 작업에 서툴다는 이론이 어떻게 생겨나게 되었는지 궁금하다. 그렇다면 인간은 자신의 인격 전부를 갖고 기능하는 것이 허용되지 않고, 머리로 하는 노동자와 손으로 하는 노동자로 분류되어야 한단 말인가? 한쪽만의 발달이 전체에 이로울 수 있다는 견해는 무슨 논리를 근거로 한 것인가?

오늘날, 교육에 헌신하고 있는 유명한 사람들이 회의를 개최하면서 실용적인 방법과 지적인 훈련 중에서 어느 쪽을 더 강조할 것인가 하는 문제를 놓고 진지하게 논의하고 있다. 그러나 훈육은 오직 완전한 발달의 결과라는 점을, 정신적 기능이 손의 활동의 도움을 받아 이루게 되는 결실이라는 점을 아이들이 스스로 드러내 보였다.

아이의 모든 것이 서로 함께 작동하도록 허용하는 것이 중요하다. 그러면 거기서 훈육이 나타날 것이다. 그렇지 않고 다른 방법으로는 훈육이 불가능하다. 부족, 집단, 민족은 그런 자발적인 훈련과 연합의 결과이다. 오직 한 가지 문제만 있을 뿐이다. 그것은 인간의 발달을 전체성을 추구하는 방향으로 이루는 것이다. 어떤 단위에서든, 그러니까 아이든 나라든, 이런 방향의 발달만 성취될 수 있다면, 그 외의 다른 것은 저절로, 또 조화롭게 따르게 되어 있다.

인격 전체가 다 동원되어야 하고, 인격이 먼저 우주적 사상에 의해서 중심을 잡을 필요가 있다는 점을 이해하고 나면, 우주적 사상을 언제 어떤 식으로 제시할 것인가 하는 문제가 제기된다. 나이가 작은 아이들을 통해서, 우리는 나이가 작은 아이들이 보는 가운데서 나이가 많은 아이들을 다루는 식의 간접적인 접근법의 효과를 배웠다.

이런 식의 접근이 가능한 이유는 몬테소리 학교의 경우에 아이들의 나이가 어느 정도 섞여 있기 때문이다. 우리가 나이가 많은 아이들에게 무엇인가를 보여주려고 노력할 때면, 그 아이들보다 어린 아이들이 뜨거운 관심을 보이면서 주위를 에워싸곤 한다.

6세 아이는 태양과 지구의 상대적 크기를 구(球)와 점을 통해 보여주는 차트에 특별한 관심을 보인다. 나이가 어린 아이들은 이 도표가 안겨주는 깨달음에 거의 황홀해 하는 모습을 보였다. 그래서 이 아이들을 그곳에서 떼어놓는 것이 불가능했다. 정작 그 교육 자료가 대상으로 삼았던 나이 많은 아이는 오히려 그것이 평범하다는 것을 확인하고는 시큰둥해 하면서 내면에 비슷한 관심을 불러일으키기 위해 다른 것을 원했다.

그런 열정과 단순한 이해 사이에는 차이가 있다. 점과 구는 나이 어린 아이의 상상력을 건드리면서, 아이가 예전에 한계 밖에 있던 무엇인가에, 손으로 잡지 못하는, 물리적인 환경 밖에 있는 무엇인가에 대해 열정을 가득 품도록 만든다.

만약 이 특별한 시각 자료가 나이 많은 아이에게 감동을 주지 못한다면, 그것은 그 아이가 자신의 작은 세상에서 빠져나와서 보다 넓은 영역으로, 그러니까 큰 걸음들을 떼면서 미지의 우주로 나아가도록 아이의 상상력을 자극할 수 있는 힘을 지닌 것이 아무것도 없어서 그런 것이 아니다. 그보다는 아이가 도움을 받지 않고는 그런 경이와 신비에 닿을 수 없기 때문이다.

6세와 12세 사이의 아이가 끌리는 경로는 바로 상상력을 통해서만 이해될 수 있는, 보다 고차원적인 실체들이 이어지는 길이다. 상상력을 통해서 보는 환상은 한계가 전혀 없기 때문에 어떤 대상을 손으로 지각하는 것과는 꽤 다르다.

상상력은 공간 속으로도 무한히 여행하고, 시간 속으로도 무한히 여행한다. 우리는 시대를 거슬러 올라갈 수 있으며, 지금은 사라지고 없는 생명체들이 살던 때의 지구의 모습도 떠올릴 수 있다. 아이가 이해했는지 여부를 분명히 알기 위해서, 아이가 배운 것을 마음속으로 그릴 수 있는지, 아이가 단순히 이해하는 수준 그 너머까지 나아갔는지를 확인해야 한다.

인간의 의식은 상상력이라는 불꽃으로서 세상에 등장한다. 인간에 의해 발명된 모든 것은, 육체적인 것이든 정신적인 것이든, 누군가의 상상력의 산물이다. 역사와 지리를 공부할 때, 상상력을 발휘하지 않으면 완전히 무력해진다. 아이에게 우주를 소개할 때, 우리에게 상상력이 아니고 무엇이 필요하겠는가?

아이가 상상력을 키우는 데 결정적인 도움을 줄 수 있는 주제들을 아이가 상상력을 발휘하지 못하게 하는 방식으로 가르치고, 아이가 마음속으로 그리지도 못하는 것을 기억하도록 강요하는 것은 범죄에 해당한다. 그런 주제들은 아이의 상상력을 자극할 수 있는 방향으로, 아이가 열정적으로 나서도록 하면서 이미 불붙여진 연료에 추가로 연료를 더 더하는 쪽으로 제시되어야 한다.

훌륭한 가르침의 비결은 아이의 지능을, 씨앗을 뿌리고 뿌려진 씨앗을 상상력이라는 불꽃의 열기 속에서 성장시킬 비옥한 들판으로 여기는 데에 있다. 그러므로 우리의 목표는 단순히 아이가 이해하도록 하는 것이 아니며, 아이가 기억하도록 강요하는 것은 더더욱 아니다. 아이가 자신의 깊은 속까지 열광시킬 수 있도록 아이의 상상력을 자극하는 것이 우리의 목표이다.

우리는 자기 자신에 만족하는 그런 학생이 아니라 무엇인가를 갈구하는 그런 학생을 원한다. 우리는 아이의 내면에 이론보다는 삶을 뿌리기를 원하고, 아이의 육체적 성장뿐만 아니라 정신적, 감정적 성장까지 돕기를 원한다. 그 같은 목적을 이루기 위해, 우리는 장엄하고 고상한 사상을 받아들일 준비가 되어 있어야 하고 또 언제나 더 많은 것을 요구하고 있는 인간 정신에게 그런 것을 제공할 수 있어야 한다.

교육 이론가들은 대체로 상상력이 중요하다는 점에 동의하지만, 그들은 상상력을 지능과 별도로 가꾸기를 바란다. 그것은 지능을 손의 활동과 별도로 발달시키려고 추구하는 것과 다를 바가 없다.

교육 이론가들은 인간 인격을 분해하는 쪽을 택하고 있다. 그들은 아이들이 학교에서는 현실의 무미건조한 사실들을 배우고 동화를 통해 상상력을 가꾸기를 원한다.

동화는 틀림없이 경이로 가득한 세상을 그리고 있지만, 그 세상은 아이들이 살고 있는 세상이 아니다. 틀림없이, 동화들도 아이의 마음이 동정과 공포를 느끼도록 하는 인상적인 요소들을 갖고 있다. 이유는 그 이야기들이 슬픔과 비극으로 넘치고,

굶주리거나 잘못 다뤄지거나 버려지거나 배반당하는 아이들로 가득하기 때문이다. 어른들이 비극적인 드라마와 문학에서 쾌감을 느끼듯이, 도깨비와 괴물들이 나오는 이야기들도 아이에게 쾌감을 주고 아이의 상상력을 자극하지만, 그 이야기들은 현실과 전혀 아무런 관계가 없다.

한편, 우리는 우주의 이야기를 들려줌으로써 아이에게 상상력을 발휘하면서 어떤 드라마를 엮어낼 수 있는 무엇인가를, 동화보다는 천 배는 더 무한하고 신비로운 재료를 제시한다. 이 드라마는 어떤 동화에도 나오지 않는 드라마이다.

만약 상상력이 단순히 동화에 의해서만 교육된다면, 그 상상력이 주는 쾌감은 훗날 기껏해야 소설을 읽는 것으로 이어질 것이다. 그렇기 때문에 상상력 교육을 절대로 그런 식으로 한정시켜서는 안 된다. 오직 공상적인 이야기에서 즐거움을 추구하는 데 익숙한 정신은 서서히, 그러나 확실히 게을러지고, 보다 고귀한 일을 추구하지 못하게 된다.

사회생활에서 이런 정신의 게으름을 보여주는 예들이 자주 보인다. 옷을 잘 차려 입으려고 신경을 쓰는 사람들, 친구와 남을 험담하는 일로 소일하는 사람들, 걸핏하면 영화관에 가는 사람들이 그런 예이다. 그들의 지능은 지금 제거 불가능한 장애물

아래에 가망 없이 묻혀 있다. 그들의 관심은 갈수록 좁아지고 있으며, 그러다 결국에는 세상의 경이들과 고통 받는 인간과의 공감을 배제하면서 편협한 자아에만 초점을 맞추게 된다. 그런 사람들의 삶이야말로 삶 속의 죽음이 아닐 수 없다.

3장

새로운 무의식의 심리학

금세기(20세기)가 시작된 이후로, 심리학 연구에 큰 변화가 일어났다. 정말 의미있는 현상인데, 새로운 심리학자들이 기존의 교육 방식들과 충돌을 일으키고 있다. 그럼에도 심리학자들은 어떻게 하면 학교들이 새로운 노선을 따르도록 할 수 있을 것인지, 그 방법에 대해서는 아직 모르고 있다. 그러나 이 새로운 경향은 사실 우리 학교에서 이미 실천되고 있다. 우리 학교는 옛날의 심리학 이론과는 실제적인 면이나 조직 면에서 전혀 아무런 관계가 없다.

　현대 심리학은 우리의 방법과 완전히 맞아떨어진다. 왜냐하면 옛날의 과학은 의식의 피상적인 사실들에 관한 관찰을 바탕으로 한 반면에, 새로운 과학은 무의식적 정신을 관찰하고 그 정신과 삶의 사실들의 관계를 발견하기 위해 그 비밀을 파고들고 있기 때문이다.

옛날의 심리학자들은 삶의 사실들과 심리적 요인들을 따로 떼어놓으면서 아주 뚜렷하게 구분했지만, 무의식의 영역을 탐험하는 전문가들은 무의식에 관한 연구도 생물학적 요인들과 똑같은 바탕에서 이뤄질 수 있다는 사실을 발견했다. 게다가 정신은 하나의 통일체이자 전체이며, 기억과 이성, 주의, 관념 연상 같은 다수의 독립적인 정신적 기능으로 구분할 수 있는 것이 아니라는 사실이 확인되었다.

지금까지 교육은 주의력, 즉 선생이 가르치는 것을 이해하는 데 필요한 추론 능력과 공부하려는 자발적인 노력인 의지를 별도로 키우는 데 주력했으며, 정신은 근본적인 본능들보다 우위에 서고 또 외부로부터 인상을 받으며 훈련을 받는 것으로 여겨졌다. 그러나 오늘날엔 정신은 분리되어 있는 정신적 기능들이 아니라 하나의 전체인 것으로, 그리고 전체적인 인격과 불가결하게 연결되어 있는 것으로 여겨지고 있다. 따라서 현대 심리학은 몬테소리 교육 방법을 보완할 수 있다.

이 같은 새로운 사고방식에 따라서, 우리는 3가지 주요 정신적 요소에 관심을 두고 있다. 첫 번째 요소는 생명과 관련된 요소이며 그 자체가 생명의 일부이다. 이 요소는 그 사람이 겪는 모든 경험의 일부를 간직하는 능력을 갖고 있으며, 그것은 인간 존재들에게만 특별한 것이 아니며 살아 움직이는 모든 생명체들도 마찬가지다.

삶으로부터 무엇인가를 얻기 위해서, 우리는 자신이 겪은 경험들의 흔적을 간직해야 하며, 여기서 기억이 우리를 돕기 위해 나선다. 그러나 우리는 곧 의식적인 기억의 단점을 깨닫는다. 의식적 기억에 남은 인상들은 아주 흐릿하고 막연하다. 그러나 현대 심리학은 무의식적 또는 잠재의식적 정신은 모든 것을 기억한다고 단정한다. 그래서 기억은 지금 어떤 거대한 신비처럼 다가오고 있다. 그것을 명쾌하게 밝혀내기 위해선 세심한 연구가 필요하다.

이 잠재의식적 기억은 경이로운 유동성을 갖고 있으며, 우리가 의식적으로 알지 못하는 모든 것은 거기에 기록되어 있다. 그래서 종(種)의 기억이 있으며, 살아 있는 모든 생명체들은 이 기억의 도움으로 자신의 종을 번식하고 삶의 방식을 영원히 이어가고 있다. 이 기억이 있기에 새들은 대대로 내려오는 방식에 따라 둥지를 지을 수 있다.

　이런 위대한 기억은 '므네메'(Mneme)라 불린다. 아이가 무의식적으로 인간의 언어의 소리를 알아보고 모방하기 위해 간직하는 것은 바로 이 므네메 때문이다. 므네메 중에서 아주 작은 부분만이 의식의 경계를 뚫고 들어오며, 우리가 기억이라고 부르는 것이 바로 그 부분이다. 어느 개인이 일생을 살면서 거치는 모든 경험들은 므네메에 간직되며, 그 경험들 중 극히 적은 양만이 의식 속으로 들어간다.

　간단한 심리 실험을 해보자. 어떤 사람에게 철자를 여러 개 제시하고 기억해 달라고 부탁하라. 그런 다음에 며칠 지나서 그 철자를 순서대로 그대로 적어달라고 해 보라. 아마 그 사람은 철자들을 까먹었을 것이다. 그러나 그 사람은 이번에는 그 철자들을 지난번보다 더 짧은 시간 안에 외울 수 있을 것이다. 이는 그 철자들이 므네메에 간직되어 있기 때문이다. 므네메에 남는 것은 기억들의 축적이 아니라, 경험들을 의식적인 기억으로 회상하는 힘이다.

　교육 수준이 높은 사람은 학교에서 배운 많은 것들에 대해 전혀 기억하지 못할 수 있지만, 그 사람은 지능을, 말하자면 므네메에 간직되어 있는 그 주제들을 재빨리 이해할 능력을 갖고 있다. 따라서 므네메에 남은 것은 경험 자체가 아니라 경험의 흔적이며, 이 흔적이 정신을 강력하게 만든다. 그런 기억의 흔적들은 엔그램(Engram)으로 알려져 있다.

잠재의식은 이런 엔그램으로 가득하며, 지능은 의식적 기억보다 엔그램에 의해서 훨씬 더 빨리 성장한다. 우리 몬테소리 학교는 이 같은 사실을 이용하고 있다. 그래서 우리 학교에서는 아이의 지적 능력이 훨씬 더 빨리 증대된다. 반면에 일반 학교에서는 의식적인 기억에 지식을 저장하는 것이 유일한 목표이며, 지속적이고 다양한 경험을 통해 엔그램을 증대시킬 기회가 아이에게 전혀 주어지지 않는다.

정신의 또 다른 결정적인 요소는 어떤 행동을 마무리 지으려는 충동이다. 그것은 '생명의 약동'(Élan Vitale)이라고 불리는 것의 일부다. 철학자 앙리 베르그송(Henri Bergson)은 모든 생명체가 엔그램을 저장하기 위해 경험을 하도록 몰아붙이는 충동에 이런 이름을 붙였다.

이 힘이 우리 학교의 아이들이 자발적으로 작업을 하도록 하고, 완전히 만족할 때까지 똑같은 경험을 되풀이하도록 하고 있다. 그것은 가끔 '생의 의지'(Will to Live)라 불리며, 그것은 인간 존재와의 연결에서는 의식적이고 정신적인 요소로 분류되지만 다른 생명체들의 경우에는 생물학적이고 잠재의식적인 것으로 여겨진다.

정말로 '생명의 약동'은 삶의 모든 측면에서 일어나고 있으며, 그것은 의식으로 들어오면서 의지 같은 자발적인 요소가 된다. 이보다 훨씬 더 큰 잠재의식적인 생의 충동은 지금 심리학자들 사이에 호르메라고 불린다. 이 호르메는 의식적인 의지에 비하면 그 범위가 엄청나게 더 넓다. 그 크기를 비교하자면 므네메와 기억 사이의 관계와 비슷하다.

최면에 걸리는 경우에 인간 존재들은 의지가 의식적으로 작용하지 않는 상태에서도 호르메를 통해 행동할 수 있다. 이런 경향은 인류에게 위험한 것으로 여겨진다. 왜냐하면 그것이 우리가 아직 제대로 알지 못하고 있는 힘들이며, 따라서 우리가 그 힘에 맞서 자신을 제대로 방어하지 못하기 때문이다.

정신들의 상호 관계가 인간의 심리학에서 가장 중요한 장(章)을 차지하고 있으며, 인간들은 이유를 제대로 설명하지 못하는 행동을 종종 한다. 아이들이 수행하는 어떤 행동은 그들 자신에게 심각한 반감을 불러일으키는데, 이런 행동이 바로 그런 유형의 행동이다. 어린 세대가 이런 위험에 더 잘 대처하면서 성장하도록 하려면, 우리 어른들이 아이들을 이해하는 것이 필요하고, 의식이 예를 들어 몬테소리 교육 방법에 의해 처음부터 제대로 발달하고 훈련되어야 한다.

잠재의식적 정신의 이 미로에서 세 번째로 중요한 요소는 생각이 꼬리에 꼬리를 물고 일어나는 원리를 말하는 관념 연상이다. 모든 교육 방법은 주로 이 원리에 바탕을 두고 있다. 어떤 한 관념을 중심으로 더 많은 관념들이, 원래의 관념과 조화를 이루거나 반대되는 관념들이 무리를 지을 수 있다.

현대의 심리학자들은 지금 관념연상을 부차적으로만 중요하고 피상적으로만 진리인 것으로 여기고 있다. 현대의 심리학자들은 관념보다는 정신이 무엇인가에 관심을 갖게 될 때마다 잠재의식적 정신 안에서 서로 연결되는 엔그램에 더 큰 중요성을 부여하고 있다. 이 엔그램의 연결은 자발적이며, 관련 있는 관념들의 사슬보다 훨씬 더 막강하고 더 오래 지속된다.

수학을 공부하는 학생이 어떤 문제를 놓고 몇 시간 동안 머리를 싸매고 씨름하다가 최종적으로 문제 풀이를 다음날로 미뤘는데 이튿날 눈을 뜨자마자 해답을 쉽게 찾을 수 있게 된다는 사실은 널리 잘 알려져 있다. 그것은 그 학생이 휴식을 취한 덕분에 생각을 더 잘 하고 이해를 더 잘 하게 되었기 때문일까? 그렇지 않다. 학생은 잠에서 깨어나자마자 문제가 자신의 정신

안에서 이미 풀려 있다는 사실을 알게 된다. 마치 해답이 학생에게 잠자리에서 일어나서 그것을 기록하라고 강요한 것처럼 보인다. 그런 일이 일어날 수 있는 이유는 엔그램이 잠을 자지 않고, 연상을 통해 그 문제를 푼 다음에 해답을 의식 속으로 밀어 넣었기 때문이다.

따라서 모든 인간 존재는 잠재의식 속에서, 그러니까 엔그램의 건설이 일어나는 곳에서 가장 지적인 작업을 할 수 있다고 말할 수 있다. 이 엔그램들은 관념들의 연상을 창조하는 이상으로 많은 일을 한다. 왜냐하면 엔그램들이 우리가 의식적으로 하지 못하는 일을 수행하기 위해 스스로를 조직하기 때문이다.

정신의 관념 복합들은 작가가 아름다운 생각들을 떠올리도록 돕는다. 이때 떠올려지는 생각들은 작가의 의식적인 마음에는 새로운 것들이며, 그 생각들은 막연히 영감으로 여겨진다. 그런데 이 관념 복합들의 작동이 교육에서 엄청나게 중요하다.

이런 발견들에 따라, 오늘날 우리는 과제의 중요한 어떤 부분을 기억하느라 애를 쓸 것이 아니라 가벼운 마음으로 정독한 다음에 그것을 깡그리 잊지 않은 상태에서 며칠 동안 옆으로 밀쳐놓으면서 엔그램에게 스스로 집중하며 조직할 시간을 주라는 조언을 듣고 있다. 어느 몬테소리 학교에서 관찰된 것이 꼭 그것이었다.

이 학교의 어린이들이 드러내 보인 정신 과정은 그 심리학 연구를 그대로 뒷받침하고 있다. 아이들은 다른 아이들이 일에 매달리고 있는 중에 종종 혼자 걸어 다니는 것이 목격된다. 이유는 무엇인가를 배운 뒤에 조용한 시간이 필요하다고 느끼기 때문이다. 아이들은 다시 수업에 돌아오면 새로운 능력을 보일 것이다. 이것은 며칠 휴일을 보낸 뒤 학교에 돌아오는 아이가 그전에 애매했던 것을 이해할 수 있다는 사실을 발견하는 것과 똑같다. 이런 사실들에 비춰보면, 시험을 위해 지식을 머리에 쑤셔 넣는 것이 얼마나 헛되고 해로운 일인가!

우리는 많은 점에서 현대 심리학자들과 의견을 같이 하고 있다는 사실을 흔쾌히 인정한다. 현대 심리학자들의 연구가 우리의 연구를 보완하고 있다. 그럼에도, 우리는 한 가지 중요한 사항에서 현대 심리학자들에게 동의하지 못한다.

현대 심리학자들은 지금까지 자신들의 이론을 교육 문제에 적용하는 데 실패했으며, 그 적용은 미래 세대에 의해서만 성취될 수 있다고 확신하고 있다. 반면에 우리는 그 이론들을 적절한 상황에서 즉시 적용할 수 있다는 사실을 알고 있다.

심리학 분야의 연구는 주로 학교 밖에서 행해졌으며, 결론도 어른들을 대상으로 무의식의 세계를 탐험한 결과 나온 것이었다. 현대 심리학자들은 자신들의 새로운 방법을 아이들에게 적용하면 아이들이 특별한 방법으로 반응할 것이라고 기대했지만 그런 결과가 나오지 않아 실망하고 있다.

그러나 우리는 아동 심리는 어른의 심리가 아니라는 사실을 배웠다. 아동 심리의 근본적인 조건은 아이가 지적으로 행동할 수 있는 그런 준비된 환경 안에서 행동의 자유를 누리는 것이다. 선생들이 이론적으로 아동 심리를 연구한 것이 아무리 건전할지라도, 그들은 자신들의 결론을 아이에게 강요하는 한에선 뜻한 목적을 절대로 이루지 못한다. 선생들의 목적은 아이가 자발적으로 관심을 갖고 적용하도록 하는 것이다.

따라서 최근에 정신분석에 이어서 본능들의 승화에 대한 이야기가 많이 나왔다. 선생들은 감정과 정서의 양성을 통해서 이를 성취하려고 노력했지만, 학교 아이들이 별다른 반응을 보이지 않는 것으로 드러나고 있다.

심리학자들은 동물의 행동과 정신분석에 대한 어른의 반응을 바탕으로 이론을 다듬으면서 교육 개혁 쪽으로 나아가고 있다. 그 길의 어느 지점에서, 아이 자체에서 시작해서 나아가고 있는 우리와 만나기도 한다. 심리학자들은 자신의 이론과 맞아

떨어지는 교육 방법을 찾고 있는 반면에, 우리는 우리의 방법과 맞아떨어지는 심리학적 이론을 추구하고 있다.

이 본능의 승화를 보여주는 한 예로, 현대의 어느 저자는 현대 과학이 승화된 호기심을 보여주는 기념비라고 진심으로 말했다. 우리도 이 작가의 말에 완전히 동의한다. 우리는 생명의 기원과 생명이 현재까지 발달해온 과정을 보여주면서 아이가 과학과 과학의 온갖 경이에 지대한 관심을 갖게 된다는 점을 증명했다.

우리는 아이의 호기심 본능이 그런 고상한 관심들에 의해 승화되는 것을 확인하지만, 단지 그런 것들을 심리학자가 가능하다고 생각하는 나이보다 훨씬 이른 나이에 아이에게 제시했을 때에만 그런 효과가 나타났다. 아이는 이처럼 초기 단계에만 보다 예민한 감수성과 관심을 특별히 부여받는다는 점을 스스로 우리에게 가르쳐 주었다. 시간이 조금 더 지나면, 아이는 과학적으로 정확히 공부할 수 있지만, 이때엔 자신이 이미 갖춘 감정과 정서와 어울리는 과목만 공부할 수 있을 뿐이다. 아이는 더 이상 단순한 호기심을 갖지 않으며 치열한 관심과 정서를 바탕으로 한 열정만 갖고 있다.

아이는 자신이 배우는 모든 것을 사랑할 수 있어야 한다. 이유는 아이의 정신적, 감정적 성장이 서로 연결되어 있기 때문이다. 아이에게 제시되는 것은 무엇이든 아름답고 깨끗하게 다듬어져 있어야 하고 아이의 상상력을 건드릴 수 있어야 한다. 이 사랑에 불이 붙기만 하면, 교육 이론가를 괴롭히고 있는 모든 문제들은 사라질 것이다.

이탈리아의 위대한 시인 단테(Dante Alighieri)는 "최고의 지혜는 먼저 사랑하는 것이다."라고 했다. 영혼을 승화시키기 위해서 사람은 이런 완벽한 상태의 사랑에 도달해야 한다. 그런 사랑은 개인적인 사랑과 구분되는 것으로서 '지적 사랑'(Intellectual Love)이라 불렸다. 아이들은 수학 같은 추상적인 과목도 배우고 사랑할 수 있으며, 그런 정신적인 작업을 향한 사랑이 존재할 수 있다. 이로써 심리학자가 미래에 품고 있는 꿈은 이미 성취되었다.

모든 주제들을 사랑하는 감정이 아이들의 내면에서 일어날 수 있을 때, 사람들이 전반적으로 더욱 인간적인 존재가 되고 잔인한 전쟁이 종말을 고하게 될 것으로 기대된다. 그러나 과학과 예술을 포함해 인간들이 창조한 모든 것을 사랑하는 것만으로 남자들과 여자들이 서로 사랑하도록 만들기에는 충분하지 않다. 아름다운 일몰을 사랑하거나 작은 벌레를 경이의 눈길로 바라보는 것은 인류에 대한 사랑이라는 보다 큰 감정을 반드시 일깨우지는 못한다. 또 인간의 내면에 있는 예술에 대한 사랑도 이웃에 대한 사랑을 낳지 못한다.

절실히 필요한 것은 개인이 아주 이른 시기부터 인간과 관계를 맺도록 하는 것이다. 우리의 가슴에는 빵과 옷, 그리고 우리를 이롭게 하는 무수한 발명품으로 우리에게 너무나 많은 것을 베풀었고 지금도 베풀고 있는 인간 존재들에 대한 사람이 전혀 없다. 우리는 신에게 감사와 사랑을 표하지 않는 무신론자들처럼 우리를 위해 행해진 모든 것을 전혀 감사하는 마음 없이 받고 즐긴다.

아마 우리는 아이에게 신에게 감사하고 신에게 기도를 올리라고 가르치지만 창조에서 신의 최고 대리자인 인간에게 감사하라고는 가르치지 않는다. 우리는 우리 자신이 보다 풍요롭게 살 수 있도록 매일 자신의 삶을 헌신하고 있는 남자들과 여자들에 대해선 전혀 아무런 배려를 하지 않는다.

만약 이 주제들이 처음에 어떤 식으로 연구되게 되었는지, 그것들을 연구하는 사람들이 누구인지를 알려준다면, 아이는 모든 주제에서 더 큰 기쁨을 누릴 것이고, 그것들을 더 쉽게 배울 것이다. 우리는 모두 쓰고 읽는다. 따라서 글과 글을 쓰는 도구를 발명한 사람이 누구인지, 인쇄가 어떻게 가능하게 되었는지, 책들이 그렇게 많은 이유가 무엇인지에 대해 아이에게 가르칠 수 있다. 모든 성취는 지금은 죽은 누군가의 희생에 의해 이뤄졌다. 모든 지도는 새로운 장소와 강과 호수를 발견하기 위해, 또 이 세상을 우리 모두가 살기에 더 넓고 더 풍족한 곳으로 만들기 위해 고난과 시련을 겪었던 탐험가들과 선구자들의 업적을 웅변하고 있다.

교육에서 아이들이 명예의 빛으로부터 가려져 있는 남녀들에게로 관심을 돌리도록 함으로써 인류에 대한 사랑에 불을 붙이도록 하자. 오늘날 형제애로 설교되고 있는 막연한 감정도 중요하지 않고, 노동자 계급이 보상받고 향상되어야 한다는 정치적 감정도 중요하지 않다.

최우선적으로 필요한 것은 인류를 위해 자비로운 태도를 취하는 것이 아니라 인류의 존엄과 가치를 경건하게 자각하는 것이다. 이 자각은 우리 모두에게 있어야 하는 종교적 감정과 똑같은 방식으로 가꿔져야 한다. 어떤 인간도 이웃에 무관심한 상태에서는 절대로 신을 사랑하지 못한다는 점은 굳이 강조할 필요조차 없을 것 같다.

4장

아이의 상상력 앞에
제시된 우주

아이들이 우주에 관심을 갖도록 하기 위해, 단순히 우주의 메커니즘을 이해시킨다는 뜻으로 아이들에게 우주에 관한 기본적인 사실들을 제시하는 것으로 시작해서는 안 된다. 그보다 훨씬 더 고상한 철학적 성격을 지닌 개념으로 시작해야 한다. 그 개념은 당연히 아이의 심리에 맞게 다듬어서 아이에게 전달되어야 한다. 여기서 일부 신화나 동화의 도움을 받을 수 있지만, 그 신화나 동화도 자연의 진리를 상징적으로 표현하는 것이어야 하며 전체가 공상적인 것이어서는 안 된다.

우리는 지구에 대해 3가지 종류, 즉 고체와 액체, 기체로 된 표면 외에 네 번째 표면, 즉 앞의 3가지 표면 자체를 관통할 뿐만 아니라 외부 대기 전체를 차지하고 있는 생명의 덮개를 통해서 이야기할 수 있다. 이 네 번째 덮개는 가끔 '생물권'(生物圈), 즉 생명의 영역이라 불리며, 지구의 한 부분으로 대단히 중요하다. 동물로 치면 털에 해당한다. 바깥에서 세상에 갑자기 뚝 떨어진 그 무엇이 아니다.

그렇다면 지구의 일부는 동물의 털처럼 지구와 기본적으로 하나이고, 그 부분의 기능은 지구와 함께 성장하며, 이 성장은 그 자체를 위할 뿐만 아니라 지구의 보존과 변화를 꾀하는 쪽으로도 이뤄진다. 생명은 세상의 창조적인 힘의 하나이며, 그것은 생물학에서 연구되는 나름의 특별한 법칙들을 가진 하나의 에너지이다.

생명에 특별한 법칙들이 있는 것은 물리적, 화학적 변화를 지배하는 법칙들이 있는 것이나 마찬가지다. 우리는 생명이 활동하려는 경향을 갖고 있다는 것을, 그리고 생명은 인상을 습득하고 간직하는 힘을 갖고 있다는 것을 이미 배웠다. 이런 것들은 심리학에서 연구되고 있는 바와 같이 정신을 위해 새로운 무엇인가를 건설하는 힘들이며, 근본적인 에너지로서 생명의 중요한 힘들이다.

활동하려는 충동은 경험을 낳고, 경험은 정신적 조직체에 의해 간직된다. 동물에서나 인간에서나 똑같이 므네메와 호르메는 정신적이거나 육체적인 다양한 분야에서 작동한다. 생명은 기능들을 통해서 스스로를 간직하는 경향을 보임과 동시에 경험을 통해서 존재의 완전에 기여하는 쪽으로 향한다. 자기완성의 이 과정이 진화라고 불리고 있다.

동물의 모피가 동물의 성장과 함께 자라고 변화하는 것과 똑같이, 또 어린 새가 성숙해가면서 깃털의 형태와 색깔이 아름다움을 더하는 것과 똑같이, 생명은 지구의 진화와 함께 변화를 겪는다. 생명은 스스로 완전을 성취할 것이 아니라 창조의 본질적인 부분이 될 필요가 있다. 생명은 세상을 변화시키는 일에서 맡은 몫을 해야 한다. 생명의 변화는 생명 자체의 완전을 추구하려는 충동보다는 지구의 필요와 더 밀접히 연결되어 있다.

생명은 우주적인 동인(動因)이다. 어떻게 해야 이 진리를 아이들에게 상상력을 자극하는 방향으로 전달할 수 있을까?

아마 아이는 크기에 가장 강한 인상을 받을 것이다. 지구상에 있는 생명의 엄청난 규모와 종류는 쉽게 소개할 수 있다. 아이가 숫자의 힘에 대해 이미 잘 알고 있기 때문이다.

먼저 아이에게 모든 나라의 인구 숫자를 제시할 수 있다. 이 숫자는 쉽게 확보할 수 있다. 이어서 헤아릴 수 없는 것으로 알려진 바다 속 깊은 곳의 생명으로 넘어가도록 하자. 가장 먼저 바다의 거인인 고래가 있다. 논리적으로, 고래는 덩치가 크기 때문에 수적으로 몸집이 작은 고기보다 월등히 더 적어야 한다. 고래들은 북쪽 바다에서 떼를 지어 살지만, 추운 계절이 오면 보다 따뜻한 지역으로 이동하며, 거기서 다른 집단, 즉 남극에서 온 향유고래와 합류한다. 그렇게 되면 고래들은 수백 단위가 아니라 수십 만 단위로 헤아려질 수 있다. 그러면 그보다 작은 생명체들의 무리로 넘쳐나는 바다의 나머지 생명을 상상하는 것이 가능해진다.

상상적인 그림을 그리는 데에도 숫자가 도움을 준다. 구체적인 통계가 없다면, 어떤 바다에 특정한 계절에 고기들이 수면으로 올라오는 지역을 설명하는 방식을 택할 수 있다. 그런 계절이 오면, 물고기가 30 내지 40 평방 마일을 차지하는 것으로 알려져 있다. 그것들도 해저의 어떤 방해로 인해 표면으로 올라오는 극소수일 뿐이다.

더 나아가, 비교적 작은 범위 안에서 1년 동안 잡은 물고기를 육지로 싣고 오는 데 1만 척의 배가 필요하다거나, 유럽에서만 팔리는 한 가지 종류의 물고기가 1년에 4,000만 마리에 이른다는 정보가 있다. 이런 것들을 근거로 우리는 해양 생물의 규모를 어느 정도 파악할 수 있다. 또 청어가 알을 한 번에 7만 개를 낳고, 대구가 1년에 두 번 100만 개의 알을 낳으며, 그렇게 알을 낳는 기간이 보통 10년이라는 점을 고려한다면, 번식률이 대략 어느 정도인지 짐작된다.

아이들은 이런 어마어마한 숫자들이 진짜로 어느 정도 규모 인지를 알고 싶어 할 것이다. 그때 아이들에게 물고기는 생명으로 치면 귀족에 속하며, 물고기보다 낮은 계급에 속하는 생물들은 그보다 훨씬 더 많다는 이야기를 들려줄 수 있다. 숫자 단위를 아무리 늘려도 그 생물들을 다 헤아리는 것은 불가능하다.

해파리의 경우에 엄청나게 많은 수가 무리를 지어 바다 표면을 떠다닌다. 그래서 빠른 배들도 해파리 무리를 뚫고 나가는데 3일씩 걸리는 예도 간혹 있다. 이 거대한 해파리 무리들은 자기들보다 작은 생명체들을 아주 많이 먹으면서 목숨을 유지한다. 해파리들은 무수히 많은 촉수로 작은 생명체들을 잡지만, 이 생명체들 역시 수없이 많다.

미생물들이 수십 마일에 이르는 적도 바다를 푸른빛으로 밝히면서 맑은 밤하늘의 별들과 밝기를 다툰다고 하면 그 생명체들의 숫자가 어느 정도인지 짐작된다. 현미경 밑에 물 한 방울을 놓아보라. 거기서도 미생물들이 수백 마리 나올 것이다. 그렇다면 거대한 바다엔 그런 미생물들이 얼마나 많겠는가?

이런 미생물들 중에서 가장 작은 것도 10일 동안에 자기와 같은 개체를 100만 개 낳는 것으로 짐작된다. 그러면 20일 후면 그 작은 생명체로부터 셈이 불가능할 정도로 많은 개체가 나올 수 있다. 한 모금의 바닷물 안에 100만의 세 제곱 만큼의 개체가 들어 있다니!

육지의 식물과 동물의 생명에서도 이와 비슷한 발견이 이뤄졌다. 위대한 탐험가 리빙스턴(David Livingstone)이 중앙아프리카에서 자기 옆을 무리지어 지나가는 영양을 헤아렸더니 그 숫자가 자그마치 4만 마리나 되었다고 한다. 하늘에서는 비행 중인 비둘기 떼가 햇빛을 가리는 것으로 알려져 있고, 남아메리카의 어떤 바닷새들은 숫자가 너무 많은 탓에 그 새들이 쉬면서 절벽에 남긴 배설물이 '구아노'(Guano)라 불리면서 값나가는 비료로 거래되고 있다.

메뚜기 떼는 많은 지역에서 해충으로 여겨진다. 메뚜기 떼가 훑고 지나가면 곡식이란 곡식을 다 먹어치우기 때문에 그 지역엔 기아가 닥친다. 식물의 경우에 숫자를 헤아리는 것이 훨씬 더 어렵다. 덤불이 아주 빽빽하게 자라는 숲에서는 동물도 먹이를 찾아 이동할 때 덤불 속으로 파고들지 못하고 나무 위를 지나가야 한다.

생명은 바다와 하늘, 땅 할 것 없이 모두가 위험을 안고 산다. 해상의 생명체들은 자기보다 큰 생명체들의 식욕 때문에 멸종 위기에 끊임없이 시달리고, 이 큰 생명체들도 마찬가지로 자기보다 더 큰 생명체들에게 먹힐 위험 속에서 살아가고 있다.

땅 위의 생명에 대해 말하자면, 이런 위험 외에 기근과 홍수, 화산 분출, 전염병 등이 생명을 노리고 있지만, 이런 원인들 중 어떤 것도 공기나 물이 부족한 경우에 일어날 파괴에 비할 수 없다. 공기나 물이 잘못되는 경우에 모든 생명은 단번에 멸종하고 말 것이다.

이런 온갖 위험에 맞서 동물들은 자기보존 본능으로 무장하고 있다. 그래서 자신의 종을 후대로 전할 수 있을 만큼 충분한 수가 생존하지만, 물과 공기 같은 불가결한 원소들의 박탈 앞에서는 어떤 생명체도 자신을 지키지 못한다. 더욱이, 일부 사람들은 태양의 냉각이나 혜성과의 충돌로 인해 지구가 위험에 처할 수 있다고 경고한다. 그러나 이런 위험은 가능성이 낮으며, 공기와 물의 실패에 비하면 부차적이다.

그렇다면 아득히 먼 옛날에 땅 위에서 생명이 시작된 이후로,

대륙들이 물속에 잠기고 또 세상의 균형이 이동하는 중대한 변화들을 겪으면서도 물과 공기는 꼭 지금과 같은 형태는 아니더라도 그 순도와 근본적인 성격은 바꾸지 않았던 것 같다.

반드시 지켜져야 하는 것은 공기와 물의 순수함이다. 물의 순수함은 어디에 있는가? 물은 많은 요소들로 이뤄져 있으며, 그 안에 어떤 소금이 10만 분의 7의 비율로 들어 있다. 이처럼 적은 양은 무해하지만, 그것이 10만분의 40 정도로 높아지면 어떤 생명체도 존재할 수 없게 된다. 강들이 바다로 '짐'을 끊임없이 붓고 있음에도 불구하고, 어떻게 탄산칼슘이라는 이 독이 바다에 과도하게 풀리는 일이 절대로 없는 것일까?

마찬가지로 공기는 이산화탄소라 불리는 독성 가스를 소량 함유하고 있는 것으로 확인된다. 이 가스 또한 다른 행위자들의 일을 통해서 지속적으로 변화하지 않는다면 치명적인 결과를 초래할 수 있다. 식물과 동물이 호흡하면서 이 독가스를 내뿜고, 부패하는 모든 것들이 대기에 이 가스를 방출하고 있는데, 어떻게 우리가 공기가 인간의 호흡에 적절하다고 믿을 수 있는가? 이 대기는 겨우 몇 마일의 깊이밖에 되지 않으며, 치명적인 가스보다 가볍다. 그래서 그 가스는 대기 중에서 가장 낮은 부분을 차지하면서 우리를 위협하고 있다. 아주 무서워 보인다.

그러나 우리는 이 위험 때문에 괴로워하지 않으며, 실제로는 꽤 무관심하다. 하느님이 우리를 보호해 줄 게 틀림없으니까! 그러나 실은 하느님이 자기 자식들을 보호하고 있다. 하느님은 자신의 대리자들을 통해서 보호의 효과를 거두고 있다. 우리는 하느님의 자식들에게 감사를 표해야 하며, 그들이 하는 역할을 이해해야 한다. 그러면 우리 인간도 우주의 계획에서 맡은 역할을 더욱 효과적으로 하는 방법을 배우게 될 것이다.

우리의 자랑스러운 문명과 진화의 경이로운 성취는 겸손한 구원자들의 자기희생이 있어 가능했다. 그런데도 우리는 겸손한 구원자들의 노고에 대해 알지 못하고 있다. 이 구원자들은 우리가 호흡하는 공기와 너무도 중요한 목적에 필요한 물을 지금도 여전히 순화시키고 있다.

5장

대양의 드라마

창조는 신의 즉시적인 행위가 아니며 시간 속에서 지속적으로 전개되었으며 지금도 여전히 진행되고 있다. 따라서 휴식의 안식일은 아직 오지 않았다. 땅과 물이 분리되고, 땅 위의 흐름이 배수장치 역할을 하기 때문에, 강들은 많은 석회질을 바다로 흘려보내고 있다. 양을 따지면, 그 석회질을 건드리지 않고 가만 내버려 두면 6,000년 정도면 바다를 다 채울 것이다. 그러면 흙과 물이 다시 섞여 진흙 같은 카오스를 낳을 것이다.

그러나 400만 년 동안 그런 일은 일어나지 않았다. 이유는 생명체들의 활동을 통해 재앙을 피할 수 있었기 때문이다. 무생물을 지배하는 법칙들이 불충분한 것으로 드러나기 시작하자, 생명체들이 지구를 구하기 위해 발벗고 나섰다.

그런 재앙이 위협하던 시대에, 바다 왕국은 다양한 종류의 삼엽충들에게 지배되고 있었다. 삼엽충은 몸이 세 부분으로 나뉘어 있었으며, 다리도 많고 헤엄치는 데 필요한 장치도 많았다. 삼엽충은 꽤 복잡한 형태로 진화했으며, 길이는 약 30cm였다.

다른 대양 거주자들은 '두족류'(頭足類)였다. 이 이름은 글자 그대로 머리 위에 다리가 있다는 뜻이며, 두족류 중에서 가장 유명한 것은 '앵무조개'(Nautilus)이다. 맨 위의 가장 넓은 곳에서 살기 위해 언제나 껍질에 더 큰 방을 덧붙이는 그 조개의 습성이 미국 시인 올리버 웬델 홈스(Oliver Wendel Holmes)의 상상력까지 자극했으니 말이다. 그것은 곧 진화의 상징으로 여겨졌다. 시인은 '황제앵무조개'로부터 지혜를 얻으면서 자신에게 엄명을 내린다.

오 나의 영혼이여, 더욱 정교한 저택들을 짓도록 하라.
계절들이 쏜살같이 흐르고 있으니!
아래쪽 둥근 지붕은 과거로 남기고,
새로운 신전을 마지막 것보다 더 품위있게 짓도록 하라.

그대를 더욱 큰 둥근 지붕으로 하늘로부터 가려라.

마침내 그대가 자유로워질 때까지.

한 순간도 쉬지 않는 생명의 바다 옆에 그대의 작아진 껍

질을 남겨두고서.

앵무조개는 뇌와 신경계를 갖추었으며, 실제로 꽤 많이 진화
했다. 이 바다 거주자들은 그때까지 물을 생명이 살아가는 데
충분할 만큼 순수하게 지킬 수 있었다. 이들이 독성 있는 소금
을 양식으로 동화시킴으로써 소금 자체를 변화시키고 칼슘으
로 껍질과 뼈를 만들었던 것이다. 그러나 지금 상황이 위태롭게
되었으며, 새로운 행위자들이 필요했다.

각자의 종교에 따라 천사 위원회 또는 천신 위원회 같은 것을
상상할 수 있을 것 같다. 지구의 자연적 힘들을 관장하는 하느
님의 아들들로 구성된 위원회 말이다.

이 위원회가 자원 봉사자들을 모집하는 공고를 내고, 봉사하
겠다는 나서는 생명체들을 상대로 면접을 본다고 생각하면 된
다. 바다나리들이 모습을 드러냈을 때, 위원회 관계자들의 눈
앞에 얼마나 멋진 장면이 펼쳐졌겠는가! 바다 밑바닥이 나무숲
같았다. 온갖 아름다운 가지들이 바람 속의 팔처럼 흔들리고 있

었을 것이다. 결코 바람이 일어날 수 없었는데도 말이다.

우리는 바다나리들이 이렇게 말하는 모습을 상상할 수 있다. "우리를 좀 봐! 나무처럼 생겼지. 그런데 우리의 줄기들은 돌들로 만들어져 있고, 그 돌들 사이에 우리는 우리의 섬세한 몸을 바싹 밀착시키고 있어. 그렇게 함으로써 우리는 바위들을 기둥처럼 서로 완전히 단단히 붙여 놓고 있어. 게다가 우리에겐 가지들이 있어. 우리는 그 팔들을 뻗어 당신들이 파괴하기를 원하는 칼슘을 붙잡고 있어. 그건 우리에게 양식이 되고, 우리는 죽어서도 칼슘을 다시 뱉어내지 않아. 우리가 그것을 소화시켜 변형시키기 때문이지." 앵무조개나 바다나리 같은 귀족이 아닌 계급에서도, 그러니까 보다 미천한 생명체들 중에서도 많은 수가 앞으로 나왔다. 이 생물들은 이렇게 말한다. "우리는 단순한 형태를 가졌을 뿐이지만, 당신들은 그 일을 우리에게 맡길 수 있어." 그래서 두 가지 제안이 받아들여졌으며, 이 군인들은 육지와 바다 사이의 국경에 배치되었다.

자그마한 원생동물은 절대로 충족되지 않는 갈증을 느꼈다. 그래서 원생동물들은 믿기지 않을 만큼 많은 양의 물을 삼킬 수 있었다. 그들의 몸의 크기를 기준으로 한다면, 그 양은 사람이 평생 동안 잠시도 쉬지 않고 매초 2입방 피트의 물을 마시는 것과 같은 양이었다. 그래서 원생동물들은 자신의 몸을 통과시키는 방법으로 물을 정화시켰다. 물로부터 소금을 뽑아서 자신의 구조로 변화시키고 물을 도로 내놓는 방식이었다.

게다가 원생동물은 저마다 10일 동안에 자신과 똑같은 것을 100만 마리나 만들어냈다. 그래서 원생동물들은 가공할 만한 노동자 집단을 형성했으며, 죽을 때에도 원생동물들은 자신의 몸을 해안선 주위의 땅에 보탤 단단한 칼슘 입자를 남겼다.

이런 단순한 형태들이 훨씬 더 복잡했던 삼엽충을 대체한 것이 틀림없다는 사실은 케케묵은 진화 사상과는 거의 맞지 않지만, 우주적 계획은 최우선적인 고려사항을 갖고 있으며, 이 생명체들은 자신의 발전을 무시하고 그 고려사항에 이바지하는 것으로 만족했다. 그리하여 자부심 강한 삼엽충은 얼마동안 무리를 지어 우아하게 돌아다니다가 더 이상 쓸모없게 되면서 사라지고 말았다.

시대가 바뀌고, 지구도 물 밖으로 계속 나오면서 건조되었다. 새로운 대륙들이 형성되고, 새로운 강들이 대륙의 물을 빼면서 바다로 훨씬 더 많은 양의 탄산칼슘을 흘려보내게 되었다. 이제 바다나리는 균형을 유지할 수 있을 만큼 빨리 작업을 하지 못하게 되었으며, 위기가 닥쳐 다시 자원 봉사자들을 찾기에 이르렸다.

이번에는 산호 폴립이 대답하고 나섰다. "우리는 바위처럼 보이지만 살아서 자라고 있어. 우리는 서로 밀착시키며 물을 마시면서 우리 자신을 번식시키고 끝없이 건설하고 있어. 우리는 우리 몸으로 서로를 붙이면서 바다 밑에 산맥을 건설할 수 있어. 우리는 나름대로 비행사까지 두고 있어. 이들이 식민지를 건설하기 적절한 곳에다가 우리의 포자를 싣고 가지. 그러나 우리가 살아가는 조건은 좋아야 해. 강어귀의 어지러운 물길에서 벗어나 있어야 해. 또 양식도 누군가가 우리에게 갖다 줘야 해. 우리가 밖으로 나가서 양식을 찾는 일은 있을 수 없어."

자연의 법정은 이런 합리적인 조건들을 승인하고, 산호 폴립의 제안을 받아들였다. 그리하여 바다나리는 맡은 임무를 끝내고 영원히 이별을 고했다. 이제 산호가 대양의 물에 필요한 균형을 지키는 막중한 임무를 맡았으며, 산호는 그 이후로 변화나 반란을 일으키는 일 없이 그 일을 묵묵히 수행하고 있다.

그러면 일정한 자리에 앉아서 자신의 임무를 수행해야 하는 이 일꾼들에게 누가 먹이를 갖다 줄 수 있을까? 누군가가 산호 주위의 물의 흐름을 흔들어야 했다. 이 임무를 위해 지느러미를 가진 물고기들이 왔다. 갑옷을 걸치고 매우 복잡한 이 물고기들은 자신의 양식을 사냥하다가 물을 휘저으며 산호에게 필요한 것들을 갖다 주었다. 나중에는 갑옷을 걸치지 않은, 더 밝고 더 빠른 물고기가 왔다. 이 물고기들은 칼슘이 없는 부드러운 척추들과 이중의 근육, 꼬리 부분에 두 개의 지느러미를 갖고 있었다. 이 꼬리지느러미 덕분에 물고기들은 아주 빨리 움직일 수 있었으며, 이 물고기는 작은 크기와 무력함을 대량 번식으로 보완한다. 각 개체마다 100만 개의 알을 낳으니 말이다. 산호에게 양식을 먹이는 문제는 다른 존재들을 먹는 존재들에 의해서 해결되었다. 이 존재들에겐 탐욕스런 포식자들로부터 빨리 달아날 수 있는 속도가 주어졌으며, 그런 식으로 달아남으로써 물이 격하게 움직이도록 만들었다.

생명체들이 먹히기 위해 태어난다는 것이 잔인해 보이는가? 우리는 우주적 계획은 희생을 요구한다는 사실을 직시해야 하지만, 인간들도 조국을 위해 희생을 기꺼이 하듯이, 동물들도 어떤 고귀함도 의식하지 않을지라도 자연의 목적을 성취시키는 일에서 기쁨을 발견한다.

나 자신이 진화 이론에 동의하는지를 묻는다면, 나는 동의하는지 여부는 전혀 중요하지 않다고 대답한다. 우리는 기존의 이론들의 오류를 바로잡기 위해서 사실들을 직시하면서 지식에 새로운 것을 더해야 한다.

나는 오늘날 지질학자의 진화론적인 관점을 생물학자의 진화론으로부터 한 걸음 더 나아간 것으로 받아들인다. 지리학은 진화의 가장 훌륭한 증거를 제공하고 있다. 그 증거들은 무척추 해양 생물 다음에 척추 해양 생물이 왔고, 땅 위에서 냉혈 양서류 다음에 온혈 동물과 조류들이 왔다는 것을 보여주고 있다.

바위에서 발견된 잔해들을 바탕으로 인간의 상상력은 과거 시대를 재현하고 아득히 먼 시기의 지구 모습을 그려낸다. 100만 년이 하나의 단위가 되며, 2,500만 년도 세상의 역사에서 단지 하나의 에피소드일 뿐이다. 지질학과 천문학 분야의 연구는 우리가 무한의 시간 안에서 영원을 생각하도록 한다. 지질학과 천문학은 우리 시대의 가장 매력적인 주제이며, 아이들도 그 주제들에 매력을 느낄 수 있다.

지질학적 진화론과 생물학적 진화론의 차이는 후자가 생명을 지구와 독립적인 것으로, 다른 질서의 창조물로, 다시 말하면 살면서 완벽 쪽으로 성장하도록 지구에 놓아진 것으로 보고 있다는 점이다. 그것은 직선적인 견해이며, 지구를 평면으로 보았던 옛날의 사상과 비슷하다. 지구 위를 직선으로 무한히 여행하는 사람은 언젠가는 가장자리에서 공간 속으로 떨어지게 될 것이라고 본 사상 말이다. 지금 우리는 지구가 하나의 구(球)라는 것을, 이 상상의 여행객은 앞으로 나아가는 것을 절대로 중단하지 않을 것이라는 점을 잘 알고 있다.

그렇듯 지질학적 진화론은 우리에게 다차원적인 생명을, 그러니까 지구와 더불어 지내고 지구와 함께, 지구를 통해서 진화하며 지구의 유지와 행복에 기여하는 그런 생명을 보여준다. 생물학자들은 자신의 이론에 몇 가지 결함이 있다는 점을 인정해야 했다. 일부 생명체들은 진화할 힘을 갖지 않은 것 같이 정적인 존재로 남았다. 생각하는 뇌도 전혀 없고, 심지어 먹을 입도 없고, 무엇인가를 느낄 신경도 전혀 없는 것 같다.

예를 들면 연체동물이 있다. 이런 동물들을 생물학자들은 진화론적으로 실패작으로 보고 있지만, 지금은 그 동물들을 바다의 순수함을 지키는 바다의 일꾼으로서 그 가치를 인정해야 한다. 식물의 생명과 동물의 생명은 똑같이 지금 두 가지 관점에서 고려되어야 한다. 더 중요한 것은 오랜 기간의 정적 균형을 희생시킬 것을 요구하는, 그러니까 보다 큰 완벽 쪽으로 전혀 발달을 꾀할 수 없는 우주적 계획 안에서 동물과 식물이 맡고 있는 기능이다.

진화의 한 측면은 생명의 필요와 방어, 종의 번식, 그리고 완벽을 향한 변화에 의한 성장을 다룬다. 진화 과정의 보다 강력한 다른 한 요소는 살아 있는 각각의 존재와 무생물이 하는 우주적 기능과 관계가 있다. 이 우주적 기능은 생명의 목적을 성취하기 위해 서로 협력하게 되어 있다.

모든 생명체들은 의식적으로는 자기 자신을 위해 일하지만, 생명체들이 존재하는 진정한 목표는 생명체들에게 무의식의 상태로 남아 있으면서도 복종할 것을 요구한다. 산호 폴립은 의식적으로 표현할 수 있다면 아마 조용하고 따뜻한 바다에서 강의 흐름에 방해를 받지 않는 가운데 사는 쪽을 택하고, 굳이 먹이를 찾아 나서지 않고 충직한 수행원들이 먹이를 갖고 오도록 할 것이다. 산호는 자신의 삶의 방식을 통해서 물의 순도를 지키고, 그렇게 함으로써 무수히 많은 생명들이 살도록 도우며 미래의 종들을 지원하기 위해 새로운 땅을 건설하고 있다는 것을 절대로 알지 못한다.

그렇듯 나무들과 식물들은 햇빛을 갈망하고 영양소를 위해 이산화탄소를 필요로 하는 것 자체를 의식적으로 강화하고 있을지는 몰라도, 자신들에게 자연이 공기의 순수성을 지킬 목적으로 그런 본능적인 충동을 주었다는 것을 알지는 못한다. 지구상의 모든 고등 생명들이 그 공기에 의존하고 있는데도 말이다.

꽃에서 꿀을 따는 벌은 자신의 필요나 벌떼의 필요만 알고 있을 뿐, 꽃이 번식의 목적을 위해, 종의 생명의 영속화를 위해 벌의 방문을 절대적으로 필요로 하고 있다는 것은 절대로 모르고 있다.

인간도 모든 존재들과 마찬가지로 두 가지 목적을, 즉 의식적 목적과 무의식적 목적을 갖고 있다. 인간은 지적, 육체적 욕구를 의식하고 있고, 사회와 문명이 요구하는 것을 의식하고 있다. 인간은 자신과 가족, 국가를 위해 싸우는 것을 믿지만, 그럼에도 우주적 과업에 대한 책임을 보다 깊이 자각해야 한다. 환경을 위해서, 그러니까 전체 우주를 위해서 해야 하는 일에서 다른 사람들과 협력해야 한다는 뜻이다. 성경이 말하듯이, 창조의 성취를 향해서 "함께 탄식하고 함께 고통을 겪어야" 하는 것이다.

자기실현의 승리는 오직 전체에게만 올 수 있으며, 그 승리를 확보하기 위해 일부 생명체는 자신의 형태의 완벽을 추구하는 것을 희생시키는 것에 만족하면서 산호처럼 정적인 상태에서 유익하게 활동하는, 열등하고 미천한 일꾼으로 남았다. 다른 종들은 자신도 알지 못하는 사이에 자신의 유용성의 한계에 도달한 다음에 새로운 것을 요구하는 조건에 스스로를 적응시키

지 못하고 생명의 영역에서 사라져갔다. 이 생명의 영역에선 복
종하고 훈련이 잘 된 생명체만이 생명의 노래의 활기찬 음악에
맞서 전진을 계속할 수 있다.

6장

대지의 창조

우주 가족의 질서라는 개념을 형성하기 위해서, 생명의 여명
보다 더 멀리, 지질학적 세(世)들 깊이 돌아가는 것이 큰 도움
을 줄 것이다. 왜냐하면 지구가 생명보다 훨씬 더 이른 시기부
터 겪은 변화와 변모가 엄청났기 때문이다. 지금 가장 높은 산
맥의 정상을 이루고 있는 바위에도 바다 조개가 박혀 있다. 대
륙 한가운데서 캐는 대리석은 고도로 압축되어 광택이 나는 석
회질 물질로 이뤄진 것으로 확인된다. 이 석회질 물질은 생명체
들이 남긴 잔존물이며, 이 생명체들의 생김새는 돌의 섬세한 문
양 속에 나타나고 있다.

바다 생명체들이 현재의 깊은 물속에서 그 높은 곳으로 올라갔다가 돌아가지 못한 것은 아닐 것이기 때문에, 결론은 이렇게 났다. 이 산들과 내륙의 평원이 한때 이 생명체들이 살면서 땅을 높이려 애썼던 바다 밑에 있었던 게 분명하다는 것이다. 그 정도의 대홍수라면 정말로 어마어마했을 것이다. 대홍수 신화는 성경만 아니라 아주 많은 지역에서 전해오고 있다.

색깔이 있는 대리석은 틀림없이 산호이며, 지금도 산호라는 건설자들은 섬들을 위로 높이면서 자신의 임무를 수행하고 있다. 이 섬들은 언젠가 태평양에 새로운 대륙을 형성할 것이다. 옛날의 아시아는 서서히 해체하고 있는 반면에, 새로운 아시아가 서서히 건설되고 있는 중이다.

대륙들은 바다 속으로 해체되고, 바다는 점점 육지가 되고 있다. 우리의 눈 앞에서도 모든 것이 새로운 형태로 다시 형성되기 위해 마모되고 있다. 세상의 내용물을 이동시키는 자는 누구인가? 원래 녹아 있던 바위를, 동굴의 석순과 종유석, 반짝이는 소금으로 된 첨탑 모양의 하얀 산, 화산 지역의 경이로운 색깔의 모양들로 장식한 자는 누구인가?

이 모든 아름다운 보물을 만들기 위해 노력한 것은 물이었다. 바위처럼 단단한 물질을 녹이고, 그 물질을 녹은 상태로 지하로 옮기고, 그것들은 최종적으로 지구의 표면을 풍요롭게 하기 위해 샘들에 의해 다시 겉으로 끌어올리는 것이 물이니 말이다. 물은 절대로 도둑이 아니다. 거둬들인 것은 전부 되돌려준다.

언제나 높은 곳에서 낮은 곳으로 흐르는 물은 증류를 통해 빈 곳을 채우기 시작한다. 물은 자신이 옮기고 있는 짐 뒤로 한 방울씩 흔적을 남기고, 이 흔적은 점점 커지면서 동굴의 천장에 달려 있는 종유석처럼 하나의 기둥이 되고, 이 기둥은 떨어지는 물방울들에 의해서 거기에 남은 칼슘 입자들로 된 다른 기둥을 향한다. 이 장엄한 기둥들은 곧 동굴을 가득 채우면서 그곳을 아름다운 궁전으로 만든다.

다른 미네랄들은 가끔 건축에 휘황찬란한 베일과 휘장으로서 빨강과 파랑, 분홍, 노랑 같은 색깔을 더한다. 그런 것은 다양한 색깔의 설화석고이며, 이탈리아에서 많이 발견되어 조각가들의 경탄을 자아냈다.

물은 창조하고 변모시키는 위대한 건설자이다. 물은 선물을 잔뜩 품은 채 대양을 흠모하면서 그곳으로 서둘러 달리며, 스스로를 정화하고, 더없이 가벼운 형태로 하늘 위로 올라갔다가 비로 돌아와서 작업을 다시 시작한다.

물은 위대한 용해제이며, 심지어 쇠까지 녹일 수 있다. 물은 쇠를 녹일 수 있을 뿐만 아니라 그렇게 해야 한다. 그것이 물의 존재 이유이기 때문이다.

물이 부여받은 또 다른 힘은 불굴의 에너지이다. 구멍이나 틈이 있으면 어디든 관통하면서 언제나 움직이는 물은 기체로 하늘로 올라갔다가 비가 되어 돌아온다. 물의 힘이 크기 때문에, 물은 이산화탄소의 도움을 받는 경우에 용해제로서 훨씬 더 잘 작용한다. 그렇기 때문에 이산화탄소도 마찬가지로 자연의 행위자이며, 물의 친구로서 물과 결합한 상태에서 작동한다.

떨어지는 비는 공기로부터 이산화탄소를 열렬히 흡수한다. 그래서 공기는 그 독성을 잃게 되고, 물은 바위를 용해시키는 작업을 도울 에너지를 얻는다. 그런 에너지를 얻은 물은 위대한 광부가 되어 지각 아래로 그 어느 인간보다 더 깊이 들어가면서 우주적 계획의 성취를 위해서 지구에 묻혀 있는 보물을 순환시킨다.

물이 깊이 들어갈수록, 압력은 더욱 세어진다. 물은 이산화탄소를 더 많이 포함하게 된다. 그러다 포화 상태가 되면 물은 지하 세계를 여행하면서 모은 부(富)를 포함한 상태에서 샘으로 분출한다. 화산 분출뿐만 아니라 간헐천과 온천에 의해서 온갖 광물이 표면으로 나오는 것이다.

상상력은 이런 식으로 단단한 갈색 암석으로 된 원초적인 지구의 그림을 그려준다. 풀이나 잎의 초록이 아직 전혀 보이지 않고 있으며, 생명체라곤 아직 새 소리도 없다. 정적을 깨뜨리는 것이라곤 아래로 쏟아지는 물소리나 천둥소리, 사태(沙汰)를 일으키며 무너지는 바위들의 소리뿐이다. 으스스한 갈색 지각은 서서히 변화하면서 부드러운 표면으로 바뀌고 있지만, 생명체들의 고향이 되기 위해선 어떤 행위자가 생명체들이 숨을 쉬도록 공기를 정화시켜야만 한다.

물이 물고기의 자연스런 환경이듯이, 공기는 동물의 자연스런 환경이다. 숨 쉴 공기를 박탈당하는 것은 양식이나 물이 부족한 것보다 더 끔찍한 운명이다. 동물에게 반드시 필요한 공기는 일정 비율의 산소와 질소와 적은 양의 이산화탄소로 이뤄져 있다. 이산화탄소가 약간이라도 오르면 공기는 숨을 쉴 수 없게 되고, 동물은 질식해 죽게 된다.

태초의 지구에는 지구 깊은 곳에서 간헐천과 분화구를 통해 나오는 독성 강한 연기가 있었음에 틀림없다. 호흡할 수 있는 공기 속의 이산화탄소 비율은 겨우 1만 분의 3이다.

생명이 미래 세계의 창조에 역할을 할 수 있도록, 어떻게 그런 미묘한 균형이 성취되고 유지될 수 있었을까? 분명히 이 대목에서 우주를 지배하고 있는 어떤 지능을 가정할 필요가 있다.

무생물의 창조는 성취되었으며, 자연이 살아 숨을 쉬는 세상을 만들기 위해서 바위에 옷을 입혀야 하고 땅을 비옥하게 해야 하는 단계에 이르렀다. 다시 상상 속에서 우리는 명령이기도 한 어떤 호소를 듣는다. "오, 식물들이여, 이리로 사막으로 오렴. 여기서 살면서 여길 아름다운 곳으로 바꿔놓고 그대가 거기서 발견하는 조건을 그대의 뒤를 따를 생명체들의 필요에 맞게 조정해 다오. 지구의 가장 먼 구석까지 공격하며 그대가 할 일을 열심히 해주길!"

바다 속에서 이미 확립되어 있던 식물의 생명이 이 부름을 듣고 땅으로 올라가기 위해 도약했다. 분명히 말하지만, 그것은 식물들의 조건을 개선하는 것이 아니었다. 왜냐하면 바다의 식물들이 이미 자신들의 삶의 필요에 적절히 적응한 상태였으며 땅 위에서 그런 상태에 이르려면 아직 요원했기 때문이다. 그럼에도 바다와 호수, 강의 물가에서 어김없이 그런 도약이 있었으며, 황무지를 장미 같은 꽃들을 피우는 곳으로 만들 침공이 시작되었다.

이들 신참자들은 자신들이 맡은 임무를 수행하는 데 필요한 것들을 갖춰야 했다. 그래서 바다 식물들이 숭배하는 막강한 신인 태양이 그들에게 초록색이라는 선물을 풍부하게 주었다. 식물들이 공기 속에서 발견하는 이산화탄소를 탐욕스럽게 삼키고 산소만 남겨놓도록 만들 엽록소 말이다. 초목이 퍼지는 곳마다, 공기가 그런 식으로 정화되었으며, 그렇게 어느 정도 세월이 지나자, 세상은 동물이 진화적 상승을 시작할, 말하자면 완전과 봉사의 길을 추구하려는 삶의 충동을 일으킬 그런 환경을 갖추게 되었다.

지구의 식물들의 진화는 조류(藻類)와 이끼, 태선에서부터 고사리류를 거쳐 힘과 아름다움을 갖춘 보다 복잡한 형태에 이르기까지 약 3억 년 걸린 것으로 추산되고 있다. 초목은 지구를 정복하고, 하늘 쪽으로 향하면서, 숭고한 기둥들을 받치기 위해서 강력한 뿌리로 흙을 움켜쥐면서 그 도전을 즐거운 마음으로 했다. 이 나무 기둥들은 햇살 속에서 이산화탄소를 흡수하기 위해 입을 벌리고, 서로 뒤엉킨 나뭇잎과 가지를 지붕처럼 머리에 이고 있다.

초목은 살아가며 완전 쪽을 향해 성장하면서 우주적인 임무를 완수하고 있으며 죽으면서도 추가적인 임무를 한 가지 더 성취한다. 지구의 석탄으로 돌아가는 것이다. 우리 시대의 인간들이 이런 식으로 축적된 석탄이 없었더라면 무엇을 성취할 수 있었겠는가?

아주 오랜 세월 동안 식물이 지구를 지배했으며, 유일한 동물은 날거나 기는 곤충이었으며, 일부 곤충은 크기가 엄청났다. 땅은 진흙이고 뜨거웠으며, 아직 계절적 변화는 없었다. 지구의 축도 태양을 공전하는 궤도면 쪽으로 지금과 같은 기울기를 갖고 있지 않았다. 땅은 지금과 마찬가지로 아주 서서히 가라앉으면서 나뉘어졌다. 그래서 그때까지 건조했던 숲이 습지가 되었으며, 강물은 흐름을 막고 있던 뿌리들을 통과하면서 그 침전물로 해안 주위에 방벽 같은 것을 세웠다. 그러다 보면 퇴적물이 오래된 뿌리들을 덮고, 그러면 새로운 높이가 형성되고, 그 위를 흙이 층을 이루며 덮었다.

100개의 숲이 묻혔다가 발견된 곳들이 있다. 숲이 아래위로 묻혀 있는 것이다. 가라앉은 기간이 얼마나 길었는지 짐작하게 한다. 묻힌 초목은 가스를 방출하면서 발효해 아일랜드와 네덜란드의 습지에서 발견된 것처럼 먼저 토탄이 되었다. 추가로 압력을 더 받으면, 토탄은 갈탄이 되고, 최종적으로 석탄이 된다. 바로 이 석탄이 산업화된 우리 문명의 원동력 역할을 하고 있다. 미국에는 140 평방 마일에 달하는 표면에 12m 깊이로 석탄이 깔려 있는 곳이 있다. 하나의 들판에! 석탄이라는 이 보물은 모두 석탄기에 가라앉은 숲 지역이 지구에게 준 것이다. 알래스카와 시베리아 같은 극지방의 땅들은 거의 전적으로 석탄으로 이뤄져 있으며, 따라서 그곳은 엄청난 숲들이 있었고 열대 기후였음에 틀림없다.

지구의 실험실에서 활동한 또 하나의 미천한 일꾼은 철분을 함유하고 있는 미생물이었다. 이 미생물은 지구 내부에서 나온 물에 용해되어 있는 철을 갖고 자신의 껍질을 만들었으며 죽어서는 부패한 상태로 잔존물을 남겼다. 발효가 일어나고 정체된 물이 있는 곳마다, 갈색 부분들이 보일 것이다. 이것은 철분을 함유한 미생물이 여전히 활동하고 있다는 사실을 보여주고 있다. 또 철이 석탄과 나란히 묻혀 있다는 뜻이기도 하다. 이거야말로 현대의 제조업자들에게 얼마나 편리한 일인가! 이 미생물들은 또 오늘날 우리에게 석유를 안겨주고 있는 끈적끈적한 물질을 낳았다.

이런 현실을 고려할 때, 오늘날 우리가 누리고 있는 모든 부와 효율성이 살아서나 죽어서 우리를 위해 무엇인가를 남겨놓은, 바다와 육지의 식물과 생명체들의 덕분이라고 말하는 것이 너무 지나친가? 그리고 우리도 신이 내린 의무를 지속적으로 성취하면서 삶을 살고 호흡하고 일해야 한다고 말하는 것이 너무 지나친가? "결실을 맺고 증식시켜 이 땅을 충족하게 하라!"는 신의 명령을 따라야 한다는 생각이 지나치단 말인가?

이제 창조의 역사에서 한 시대가 막을 내렸다. 이 시대의 마지막 장은 식민지화에 나선 식물들이 육지를 침공하는 것이다. 자연은 이 식물들이 각자의 이점을 최대한 발휘하도록 이끌면서 모두가 놀라운 노력을 펴고 성공을 성취하도록 했다. 그러다가 마지막엔 식물들이 지하에 묻혀 탄화되도록 했다.

자연이 이런 우주적 계획을 실행하는 현상을 지켜보면서, 우리는 그런 자연이 잔인하다고 결론을 내려야 하는가? 절대로 그렇지 않다. 자연은 식물들에게 자연의 가족이라는 질서 속에서 수행할 근본적인 과제를 안김으로써, 그 의무를 저지 불가능한 어떤 욕망과 기쁨, 조금도 고통스럽지 않은 희생으로 바꿔놓았다. 생명만이 이렇게 말할 수 있다. "나에게 이바지하는 것만이 완벽한 자유야!" 우주의 질서를 표현하는 것으로서의 일은 언제나 생명의 필요이고 기쁨이다. 따라서 일이 줄어든다는 것은 독자적인 불복종이 맞게 되는 운명인 멸종을 의미할 뿐이다.

7장

고대의 세계 대전

수천 년에 걸쳐서 지구 표면에서 평화로운 변화가 점진적으로 일어난 뒤에, 그러니까 많은 행위자들에 의해서 땅과 바다 사이에 균형이 유지되는 가운데 땅이 미래 세대를 위해 광물을 풍부하게 저장한 뒤에, 그 땅이 조급해 하며 반란을 일으키려던 결정적인 어떤 시점을 상상할 수 있다. 땅은 물이 잠식해 들어오는 것을 더 이상 견딜 수 없게 되어 그 적을 저지할 방어 수단을 준비했을 것이다.

　땅의 해안 주변 모든 곳에서, 화산이 불을 토하면서 엄청난 용암과 끓는 진흙 덩어리들을 사방으로 던졌다. 그러면서 화산들은 아시아와 북 유럽, 아프리카에 장벽과도 같은 산맥을 형성했다. 또 북미와 남미에서는 로키 산맥과 안데스 산맥을 만들어냈다. 그것은 정말로 엄청난 규모로 전개된 세계 대전이었으며, 수백만 년이나 이어지며 오스트레일리아와 말레이 제도, 필리핀까지 확대되었으며, 물이 넘을 수 없는 거대한 장벽을 세웠다. 그래서 바다의 부분들이 차단되면서 호수가 되었으며 이 호수의 물은 증발되고 모래 사막만 남게 되었다.

당시에 태양의 열기도 약해졌던 것 같다. 아니면 대지가 태양의 열기를 그 전처럼 많이 받지 않았던 것 같다. 이유는 얼음과 빙하가 온 곳으로 퍼지고, 적도 지역만 따뜻한 상태로 남았기 때문이다. 오늘날 찬란한 빛을 발하는 산 정상도 알고 보면 거대한 소금 덩어리인 경우가 있는데, 이것은 거인들이 치른 전쟁의 결과물 중 하나이다.

이때쯤 해상 생명을 위협하고 있었을 게 분명한 과도한 소금을 바다에서 제거하려는 것이 우리의 상상력이 재구성한 그 무서운 투쟁의 한 원인이었을까? 틀림없이 페름기[1]에 바닷물의 염분을 낮출 필요성이 급히 대두되었으며, 그 문제는 염화나트륨으로 껍질을 만드는 생명체들에 의해서는 해결될 수 없는 일

....
1 2억9,900만 년 전부터 2억5,100만 년 전 사이의 지질시대로 고생대의 마지막 기이며, 석탄기 이후부터 중생대의 트라이아스기 전까지를 말한다.

이었다. 생명체들이 껍질을 만드는 것은 여분의 탄산칼슘으로도 할 수 있었기 때문이다.

그래서 물이 땅에 갇혀야 했다. 마치 우주의 요리사가 지나치게 짠 수프를 국자로 퍼내고 그 만큼 물을 붓듯이. 이런 식으로 어떤 혼합물의 맛을 맞춘 요리사는 분명히 자신이 떠낸 액체를 낭비하지 않을 것이다. 마찬가지로 넓은 염호(鹽湖)에 단절된 바닷물은 단지 미래의 활용을 위해 저장되었을 뿐이며, 그 물은 증발되어 구름이 되었다가 다시 대지로 내려와 강물을 이루며 바다로 흘렀다. 그래서 풍부한 양의 소금이 때가 되면 인간이 사용할 수 있도록 뒤에 남겨졌다.

통계에 따르면, 인간이 1년에 소비하는 소금의 양은 10억 톤에 이른다. 인간들은 헤아릴 수 없을 만큼 긴 세월 동안 소금을 소비해 오고 있다. 따라서 막대한 매장량이 필요했다. 수백 미터 깊이에 암염갱(巖鹽坑)들이 있는데, 그곳은 다이아몬드처럼 반짝이는 기둥들로 받쳐지고 있는 거대한 돔이며, 소금 결정체로 만든 장엄한 궁전 같다. 이런 궁전 같은 것이 동굴 바닥의 잔잔한 호수에 비치는 모습을 상상해 보라. 오스트리아와 바바리아[2] 사이, 그 유명한 도시 베르히테스가덴 근처에 그런 곳이 한

....
2   독일 남부의 주.

곳 자리 잡고 있다. 그곳은 1,200년 동안 채굴되어 왔으며, 아직 고갈될 위험은 전혀 보이지 않는다. 지하 1,500m 깊이에서 시작하는 소금 산맥이 있기 때문이다.

시칠리아에도 소금 지대가 2,400 평방 마일에 이르며, 폴란드에도 3만3천 평방 마일에 이르는 소금 지대가 있는데 그 깊이가 100m에 달한다. 소아시아와 루마니아, 페르시아, 인도에도 소금 산이 있으며, 남아메리카에는 소금 산맥이 있다. 이 소금 산들의 봉우리는 소금 피라미드이며, 햇빛을 받아 다이아몬드처럼 빛난다. 티베트와 힌두쿠시[3]에도 아비시니아[4]와 마찬가지로 거대한 소금 매장지가 있다. 이것은 그렇게 높은 지역이 옛날에 내륙의 바다였다는 점을, 더 나아가서 바위에서 발견되는 화석들이 해상 생명체들의 잔해라는 점을 뒷받침하고 있다.

이런 막강한 장벽들을 높이 올린 것은 땅이 분노한 상태에서, 그러니까 불같은 감정 상태에서 이룬 성취였지만, 그래도 땅은 평화로운 상태에서는 균형을 유지하려는 노력을 계속하고 있으며, 땅은 침식과 침하에 따른 손실을 보상했고, 바다는 잉여 소금을 제거할 수 있었다.

....
3   파키스탄 북부와 아프가니스탄 동북부에 위치한 산맥.
4   에티오피아의 옛 명칭.

홍해를 접하고 있는 염호에서나 강물이 장애물에 막혀 어쩔수 없이 발견한 새로운 배출구인 델타에서, 또 미시시피와 오데사[5]의 석호(潟湖)에서 그런 현상이 계속되고 있는 것이 확인된다. 지중해는 지브롤터 해협의 깊이만 제외한다면 하나의 석호일 것이다. 미국의 그레이트 솔트 레이크에선 특정한 종류의 갑각류만 살 수 있으며, 사해는 소금으로 증발하도록 남겨진 바다의 일부를 보여주는 유명한 예이다.

지구의 얼굴을 바꿔놓으면서 대양 중 아주 큰 부분들을 고립시킨 엄청난 투쟁은 원생대(原生代)라 불리는 시기를 마감했으며, 지질학자들은 이어지는 시기를 중생대(中生代)라 부른다. 이 시기는 1억5천만 년 이어진다.

중생대 초에, 땅에서는 파충류가 왕이었다. 이 파충류는 최초의 양서류에서, 말하자면 물과 땅에서 동시에 살 수 있었던 생명체들로부터 발달했지만 그래도 알은 개구리들이 지금까지 그러하듯이 여전히 물에 낳았다.

중생대의 하위 구분 중에서 첫 번째 시기는 '트라이아스기'라 불리는데, 이 시기는 일종의 두꺼비인 엄청나게 큰 양서류들이 등장하는 것을 목격했다. 이 양서류들이 하구의 모래에 발자

....
5 우크라이나 남부의 도시로 흑해를 끼고 있다.

국을 남겼고, 이 발자국에 퇴적물이 쌓였다가 오늘날 바위들 위에서 발견되고 있다. 이 양서류들은 몸집이 엄청나게 컸고 매우 둔했으며, 짧은 다리들을 큰 몸집을 움직이는 다리로보다는 노로 이용했다. 이 동물들은 다리를 더 좋은 방향으로 진화시키려고 무진 노력했으며, 일부는 마침내 걷는 데 성공했다.

이 동물들의 발은 3개의 발가락을 갖고 있었다. 그래서 이들의 발자국은 뼈대가 발견되기 전까지 새들의 발자국으로 여겨졌다. 일부 동물들은 다리를 발달시키는 대신에 몸을 꿈틀거림으로써 내륙 깊이 침투하고 싶은 충동을 느꼈다. 그래서 파충류 형태가 생겨나게 되었으며, 이들 중 일부는 등에 지느러미를 갖고 있었는데 이것은 아마 처음에 그 동물들이 걷는 것을 도왔을 것이다. 화석으로 남은 이 '지느러미' 잔해는 부러진 뼈들을 보여주고 있다. 이 지느러미는 도움이 되기보다 장애가 되었던 것 같다.

이 동물들은 가는 데보다는 부수는 데 더 적합한 이빨을 갖고 있었다. 파충류들은 지금도 여전히 먹이를 삼키기 전에 부수고 있다. 이것이 파충류가 다른 동물들과 크게 다른 점이다. 트라이아스기의 이 모든 생명체들은 엄청난 양을 먹었다. 매우 거친 잎을 가진 나무들을 먹고, 솔방울 같은 딱딱한 열매들을 먹었다. 그래서 매우 튼튼하고 끝이 평평한 이빨이 필요했다. 이 동물들은 죽어 부식(腐蝕)됨으로써 땅의 표면을 변형시키고 있었다. 이 부식이 땅을 더욱 섬세한 종류의 식물에 적합한 토양으로 만들었던 것이다.

중생대의 그 다음 하위 구분인 쥐라기에, 괴물 도마뱀 같은 도마뱀류 파충류가 등장했다. 이 동물들은 덩치가 너무나 무거웠기 때문에 몸을 떠받치기 위해서는 물의 도움이 필요했으며, 그래서 대부분의 시간을 늪에서 보냈다. 이 동물들의 머리는 몸집에 비해 아주 작으며, 굼뜨고, 언제나 씹고 있었다.

공룡에 이어, 몸집이 약간 더 작은 도마뱀류가 왔다. 이 동물들은 육식성이었으며, 살이 보다 풍성했다. 이 동물들은 뒷다리로 걸으면서 훨씬 더 빨리 이동할 수 있었으며, 보폭이 6m에 이르렀고, 먹이를 향해 뛸 수 있었다. 이 동물들은 매우 포악했으며, 2m가 넘는 이빨을 갖고 있었다. 일부 도마뱀류는 나는 힘을 발달시켰으며, 옛날 이야기에 등장하는 원조 용들이었다.

익수룡(翼手龍)은 활짝 펴면 6m에서 7.5m나 되는 날개를 갖고 있었다. 날개엔 막이 있었으며, 각 날개는 팔과 손가락 하나에 의해 지탱되었다. 나머지 손가락들은 오늘날의 박쥐처럼 횃대 같은 것을 붙잡는 갈고리 발톱으로 쓰였다. 이 파충류들 중

소수는 결국 육지 주거에 지친 나머지, 반은 도마뱀이고 반은 물고기라는 뜻의 이름을 가진, 이크티오사우루스 속의 어룡(魚龍)처럼 바다로 돌아갔다.

진화는 이제 속도를 높일 수 있었으며, 보다 고차원적인 형태의 생명이 등장할 수 있는 무대를 닦아 놓았다.

8장

백악기

중생대의 하위 구분 중 마지막인 백악기는 그 이름을 바다에서 엄청나게 많이 살고 있는 생명체인 유공충(有孔蟲)류가 남긴 진흙과 석회암 퇴적물에서 땄다. 유공충류의 껍질은 둥근 원반 모양이며, 11개의 고리로 되어 있다. 이것들은 한참 지난 뒤에 고대 로마인들에 의해 화폐로 쓰였다. 방산충(放散蟲)류도 그때 등장했으며, '로디스트'(Rodist)라는 조개도 나타났다. 이 조개는 발로 서서 껍질을 옮길 수 있었으며, 그러다가 위험한 상황에 처하면 껍질 속으로 들어갔다.

땅에서는 식물이 부채처럼 생긴 잎들을 가진 나무들을 많이 발달시켰고, 파충류들은 등과 옆을 단단하고 뼈 같은 판으로 무장을 했다. 일부 파충류는 척추도 갖고 있었다. 어느 파충류는 뿔을 눈 옆에 2개, 코 옆에 2개를 달아 관을 만들었다. 각각의 장치들은 틈만 보이면 잡아먹으려 드는 이웃들의 육식성 습관으로부터 보호할 수 있도록 자연이 안겨준 것이었다.

그러나 어떤 보호 장치도 그 동물들을 중생대 말에 일어난 멸종으로부터 보호해 주지 못했다. 그때 동물들은 자신들보다 훨씬 더 약한 생명체들에게 자리를 양보해야 했다. 이것은 그 자체로 '적자생존'이 가장 중요한 자연의 법칙이 절대로 아니라는 점을 보여주는 증거이다.

그 동물들의 멸종을 야기한 직접적 원인은 그것들이 대를 잇는 일에 전혀 신경을 쓰지 않았다는 점이다. 그 동물들은 알을 몇 개 낳은 뒤에는 자신들보다 더 높은 지능을 가진 약한 생명체들이 그것들을 먹어치워도 신경을 쓰지 않고 그냥 내버려 두었다. 어미가 곁에 있지 않아 보호를 받지 못하게 된 어린 동물은 먹잇감이었다. 그래서 어리석고 게으른 괴물들은 더 이상 유익한 목표를 성취할 수 없었으며, 그들이 유익할 수 있는 유일한 길은 토양을 위한 거름이 되는 것뿐이었다.

이 같은 사실이 암시하는 것들 중에서 영광스럽게 여길 수 있는 것은 진화론적으로 그들의 뒤를 이은 동물이 새들과 포유류, 즉 몸집은 약하지만 모성 본능이 특히 강한 동물이라는 생물학적 발견이다. 이 동물들은 새끼를 지키기 위해서라면 목숨까지 건다. 만약 진화가 단순한 성장만을 의미한다면, 어떻게 부드러운 새들이 포악한 괴물들로부터 나올 수 있겠는가? 그러나 포유류뿐만 아니라 새들도 보여주고 있는 새끼 보호 본능이 치아의 점진적 사라짐과 깃털의 성장보다 훨씬 더 진화적인 전진을 보여주는 진정한 특징이다.

자연은 사랑이라 불리는 새로운 에너지를 부여하면서 동물의 행동에 드러나는 약점을 강화하는 쪽으로 진화해 왔다. 모성애는 작동하는 동안에 아주 강력한 열정이 되었으며, 자그마한 새가 두려움과 자기 보살핌을 잊도록 만들 수 있었다. 의미심장하게도, 모성애는 피의 온기와 함께 일어났다. 사랑이라는 신의 선물은 새들만 아니라 포유류에서도 막강한 것으로 확인된다. 바로 그 사랑 안에서 우리는 생존의 비결을 보고 있다.

오늘날 유일하게 남아 있는, 각질 비늘을 두른 파충류는 악어와 거북이며, 지금도 여전히 모래에 알을 낳아서 새나 동물이 삼키도록 그냥 내버려두는 것이 거북의 습성이다. 이런 습성과 새들이 먼 곳에 둥지를 짓고 새끼들을 숨기면서 발각될까 노심

초사하며 지극정성으로 보살피는 모성애를 비교해 보라. 가끔 새들은 자신을 위험에 노출시킴으로써 적들을 새끼들로부터 멀리 유인한다. 날기를 배우는 새끼 새들을 지켜보라. 그 연약한 새들의 엄마 아빠는 자신을 완전히 망각한 상태에서 새끼들을 주시하고 있다.

'동물의 사랑'과 '곤충의 생활'에 관한 책들에서 이런 새로운 사상을 강조한 사람은 프랑스 동물학자 파브르(Jean Henri Fabre)였다. 온갖 부드러운 것들을 연상시키는 "둥지"라는 단어의 마법에 빠져 시를 쓴 과학자도 있었다. 그러나 자식 사랑이 새들보다도 더 큰 동물이 포유류이다. 이 동물들은 새끼들이 자신의 몸 안에서 성장하는 것을 허용함으로써 후손들을 보호하고, 출생 후에는 온갖 희생을 감수하며 무력한 새끼를 돌보는 외에도 자신의 피를 젖으로 바꿔 먹이며 키운다. 새와 포유류는 감정이 없는 파충류와 달리, 차가운 피가 아니라 따뜻한 피를 가진 동물이다.

지구상에 처음 나타난 포유류는 작고 거의 무의미했음에도 불구하고, 지구 진화의 그 다음 단계의 왕이 될 운명을 타고 났다. 그 동물들은 빠른 속도로 몸집을 키웠으며, 지금까지 살아남은 종에서 오늘날 보고 있는 그런 모양을 확보하기에 이르렀다. 화석으로 남아 발견된 말들은 크기가 개 만했다. 말들은 발가락이 다섯 개였으며, 나무를 먹으며 숲에서 살았다. 훗날 말들은 달릴 때 스피드를 내기 위해 발끝으로 발돋움하는 법을 배웠으며, 뒷다리의 무릎이 앞이 아니라 뒤로 굽혀졌다. 사용되지 않던 발가락은 사라지는 경향을 보였으며, 가운데 발가락만 남고 나머지 발가락은 오늘날의 말과 당나귀에서 보듯 발에 붙었다.

코끼리도 덩치가 작았으며, 오히려 긴 코를 가진 돼지처럼 보였다. 우리가 알고 있는 모양의 코가 등장하기 전에, 코끼리는 이빨을 36개 갖고 있었으며, 이 중 2개는 점점 더 커졌고, 코가 지금처럼 길게 바뀔 때쯤엔 10개의 이빨이 버려졌다. 그때까지 코끼리는 작은 포유류의 크기에 지나지 않았다. 난쟁이 코끼리라고 할까.

추적 가능한 최초의 낙타는 토끼 크기였지만, 곧 양의 크기로 진화해 갔던 것 같다. 낙타의 목은 기린의 그것처럼 터무니없을 만큼 자랐으며, 그래서 화석으로 남은 낙타의 잔해는 처음에 낙타-기린이라 불렸다. 낙타는 긴 목을 뻗어 나뭇잎을 먹었다. 낙타는 훗날 사막에 거처를 잡았으며, 먹이와 물을 보관하는 혹을 키웠다.

코뿔소도 처음에 작고 날씬했으며, 길고 가는 다리로 빨리 달릴 수 있었다. 코뿔소는 살갗을 파리로부터 보호하기 위해 센 털을 갖고 있었다. 캥거루는 지금 오스트레일리아에서 보는 것처럼 새끼를 넣어 다니는 주머니를 발달시켰다. 포악한 포유류는 칼 같은 이빨을 가진 호랑이였지만, 그들 대부분은 초식동물이었다. 당시에 어떤 거대한 포유류 동물이 추운 지역에서 살았다. 그 잔해가 얼음 속에 간직되어 있다가 발견되었는데, 그 살점은 해동되는 즉시 늑대와 개들이 삼킬 수 있을 만큼 신선했다.

오늘날 우리가 아는 동물들의 형태로 발달한 것은 이런 포유류들이었다. 과학자들은 인간을 전적으로 동물의 생명에 포함시키길 망설이고 있다. 둘 사이에 직접적 연결이 전혀 발견되지 않은 것은 하나의 사실이다. 또 인간의 유골이 인간과 가장 많이 닮은 원숭이들의 유골보다 앞서는 시기에 속하는 것으로 확인되었다.

땅은 이제 보다 섬세한 필요를 가진 존재들이 살 수 있게 하기 위한 준비를 끝냈다. 땅의 토양이 그런 존재들이 필요로 하는 양식을 제공할 유기물을 풍부하게 함유하고 있고, 풀이 땅 위에 융단처럼 펼쳐지고 있었기 때문이다. 새로운 나무와 식물이 포자 대신에 씨앗으로 번식하면서 발달했으며, 꽃이 나타나면서 새로 등장한 생명의 집을 장식했다. 이끼와 고사리류가 꽃과 씨앗을 맺는 식물에게 앞자리를 양보했을 때, 그거야말로 식물의 진화에서 절정의 순간이었다. 날아다니는 동물들로부터 수정을 위한 도움을 받는 것은 매력적인 색깔과, 바람의 도움으로 멀리까지 날아가는 냄새를 채택함으로써 확실히 보장을 받을 수 있었다.

변종은 끝이 없었다. 다양한 취향이 고려되었기 때문이다. 꽃은 저마다 곤충들 중에서 특별한 친구를 두고 있었다. 식물은 꿀을 준비했고, 곤충은 그 잔치에 초대받기 위해 자신을 더 아름답게 가꿨다. 꿀벌은 자신의 코트에 털과 우단을 더하고, 나비는 날개를 화려한 색깔로 반짝이도록 했다.

식물과 동물 사이의 협업은 완벽했다. 꿀벌은 털이 많은 자신의 몸에 꽃가루를 묻혀 꽃의 씨앗을 수정시켰다. 꿀벌들은 꿀을 모으기 위해 꽃을 찾았다. 그래서 양측의 필요가 충족되었으며, 이리하여 자연의 보다 깊은 목표가 성취되었다.

온 곳에 따뜻한 기후가 지배적이었다. 오늘날의 극지에도 목련과 상록 관목이 자라고 있었다. 대지는 진정으로 아름다웠을 것임에 틀림없으며, 둔하고 추하게 생긴 괴물들은 그 환경에 적절하지 않았다. 일부 괴물들은 몸을 "날씬하게" 만들려고 노력하면서 다리를 짧게 하고 어쨌든 살아남으려 노력했다. 특히 자신을 뱀으로 변화시킬 지능을 가진 동물들의 노력이 효과를 제대로 발휘했다. 게으른 탓에 자신을 적응시키려는 노력을 하지 않은 동물들은 그냥 사라져야 했다.

　뱀들은 용의 직계 후손이었으며, 인간이 도래하기 전에는 독이 없었다. 뱀들은 자기보다 몸이 굵은 생명체들을 삼키기 위해 턱에 이중의 경첩 같은 것을 발달시켰다. 뱀들은 언제나 교활함이나 지혜가 높다는 명성을 지켜왔다.

9장

다시 산고를 겪는 대지

대지는 기대감과 좋은 예감으로 떨고 있었다. 대지의 심장은 창조의 기쁨과 보조를 맞춰 박동하고 있었고, 그 떨림은 대지의 뼈대에도 전달되었으며, 감격의 눈물이 새로운 강을 이루며 대지를 가로질러 흘렀다.

대지의 분위기는 옛날, 그러니까 잠식해 들어오던 물과 전쟁을 벌였던 페름기 때와 완전히 달랐다. 지금은 한결 부드러워지고 차분해진 대지는 자신을 지배할 운명을 타고난 인간이 가까이 다가오고 있는 것을 느끼면서 자신의 존재 전체로 감동을 받았다.

인간이 사용할 선물들이 풍성하게 나왔다. 세계의 많은 지역에서, 동정적인 따스함과 사랑이 끊이지 않고 솟아나왔다. 대지가 인간의 실험을 위해서 준비해 온 온갖 종류의 금속이 표면으로 나와 저장되었다. 그 한 가지가 소금처럼 보이지만 용해되지 않는 빛나는 물질이었다. 이것은 훗날 인간들에게 다이아몬드라 불리며 최고의 칭송을 듣게 될 것이다.

인도도 대지의 감정이 가장 뜨거운 현장으로서 광물을 풍부하게 물려받았다. 만약 인도가 오늘날 가장 부유한 나라에 들지 못한다면, 그것은 인도의 아들들이 아직 그 부를 끌어내야 하기 때문이다. 만약 인도의 아들들이 그 일을 직접 하지 않는다면, 그들보다 더 열심히 일하고 생각하는 다른 사람들이 불가피하게 그들의 자리를 차지해야 한다.

용암은 식으면서 다이아몬드뿐만 아니라 에메랄드, 사파이어를 비롯한 여러 귀금속 형태로 굳어졌다. 호박(琥珀)은 나무들의 진에서 생겨났으며, 곤충들이 그 진액을 먹다가 갇혀 화석이 되었다. 훗날 고대 그리스인들은 호박을 특별히 소중하게 여겼다. 그들은 그것을 '엘렉트론'(Elektron)이라고 불렀으며, '사악한 눈길'로부터 보호하는 그런 마법의 힘을 지닌 것으로 여겼다.

많은 것들은 대지가 숨기고 있다가 드러낸 보물들이며, 그것들은 인간들이 찾아서 채굴하도록 자연에 의해 표면에서 그리 깊지 않은 곳에 숨겨져 있었다. 남아프리카 공화국 킴벌리에서 다이아몬드를 최초로 발견하게 한 것은 어느 아이의 호기심이었으며, 그 결과물이 그곳의 광산들이다. 다이아몬드가 너무나 흔해서 소중하게 여겨지지 않을 그런 날이 과연 올까?

지구가 감정을 겪는 동안에, 지구의 표면이 쭈그러지면서 굴곡이 생겼고, 다시 그 안에 내해가 생겼다. 기온은 더욱 다양해졌다. 보호를 받는 계곡은 따스했던 반면에 산꼭대기는 얼음과 눈으로 덮였다. 이 얼음과 눈은 빙하로 퍼지다가 서서히 평원까지 내려갔다. 이 대륙 빙하가 곧 지구 표면 온 곳을 밀어붙이면서 산꼭대기를 깎아 먼지로 만들어버렸고, 심지어 언덕까지 뭉개버렸다.

이제 유럽과 아메리카, 북 인도를 1마일 내지 2마일 깊이의 빙하가 완전히 덮었다. 몸을 가릴 털이라곤 하나도 없는 존재인 인간에게 수천 년 이어진 빙하기는 틀림없이 냉혹한 환영이었다. 그러나 인간이 살 수 있는 따뜻한 계곡들이 있었으며, 얼음 자체는 인간의 일을 위한 준비였다. 왜냐하면 얼음이 바위를 완전히 파괴함으로써 아주 비옥한 토양을 남겼기 때문이다. 지구는 자신의 아들을 기쁜 마음으로 환영했지만, 자식에게 수고를 요구했다. 무엇이든 그저 주는 일은 절대로 없었다.

아이가 박진감 넘치는 진보의 본질과 속도를 이해하도록 돕기 위해 차트를 폭넓게 준비함에도 불구하고, 아이에게 이름이나 날짜를 기억하라고 요구하는 것은 절대로 몬테소리 교육 방법이 아니다. 아이는 단순히 진화가 그 과정 속에서 어떤 식으로 지속적으로 속도를 높여가고 있었는지를 보는 데에 관심을 두고 있다.

아이의 정신에 관심의 씨앗이 뿌려져야 한다. 먼저 선생의 정신에 관심이 일어난다면 그 관심의 씨앗이 아이의 정신으로 쉽게 이식될 수 있다. 아이가 추가적으로 지식을 추구하고 나설 때, 선생은 아이의 질문에 대답할 준비가 완벽하게 갖춰져 있어야 한다.

아이들은 먼저 세(世)만을 보여주는 백지 차트에 별도로 준비한 그림들을 붙이기를 좋아한다. 어려운 문제들을 따로 떼어 놓는 것도 아이의 이해를 돕는 한 방법이다. 아이들에게 한 번에 하나씩 제시하면서 그 문제만을 따로 고려하게 하는 것이다. 그렇게 접근하면 혼동을 피할 수 있다.

아이는 기억해서 순서대로 암송하는, 복잡하게 뒤엉킨 사실들에는 전혀 관심을 두지 않는다. 일부 새로운 교육 이론가들은 그 점을 고려하면서 아이에게 아이가 좋아하는 것만 배울 자유를 주자고 주장하지만, 그것도 아이가 관심을 갖도록 사전에 준비를 시키지 않으면 아무런 의미가 없다. 그것은 토대 없는 건설 계획과 비슷하고, 또 오늘날 교육을 시키지 않고 표현의 자유와 투표권을 주는 정치적 방식과도 비슷하다. 표현할 생각이 전혀 없는 곳에서, 또 사고 능력이 전혀 없는 곳에서 생각을 표현할 권리를 준다니!

사회만 아니라 아이에게 필요한 것은 정신적 기능들을 건설하는 행위를 지원하는 것이다. 관심이 가장 필요한 사항으로서 자리를 잡으면, 자유는 자연스럽게 커가게 되어 있다. 나의 욕망은 시각 장애인이 스스로 볼 수 있도록 시력을 찾아주는 것이다. 그러면 그 사람은 아마 내가 볼 수 있는 이상으로 잘 보게 될 것이다. 그런 것이 아이가 혼자 걷도록 돕는 어머니의 사랑이다. 설령 아이는 어머니로부터 달아나는 데 자신의 힘을 이용하고 있을지라도 말이다.

진보는 적은 시간에 이루는 성취를 말한다. 아이들은 차트의 뒤쪽 공간들에 더 많은 그림들을 붙이는 것으로서 진보를 명확히 보여준다. 아이들은 인간이 살아 온 시간이 그 앞의 세월에 비하면 아주 짧다는 것을 알고 있다. 그런데도 인간이 이룬 업적은 얼마나 많은가!

아이는 이 바탕 위에, 다른 관심 지점들에서와 마찬가지로, 똑같은 사실들을 제시하는 자료를 갖고 건설하는 활동을 자유롭게 펼 수 있다. 그러면 아이는 같은 자료로 건설하지만 매우 다른 각도에서 건설할 것이다. 엔그램들이 작동해야 하며, 그러다 시간이 흐르면, 의식이 분명해질 것이다.

어떤 아이는 전혀 관심을 보이지 않을 수도 있으며, 다른 아이들은 자신이 원하는 것을 동화시키는 데 시간이 다소 더 걸리거나 덜 걸릴 수 있다. 그래도 우리의 경험에 의하면 한 가지는 분명하다. 아이에게는 사실들이 발견되는 과정이 사실들 자체보다 훨씬 더 흥미롭다는 점이다. 그래서 아이들도 자신들이 역할을 맡길 원하는 인간 성취의 역사에 끌릴 수 있다.

10장

초기의 인간

새로운 무엇인가가 인간과 함께 세상에 모습을 드러냈다. 지금까지 표현되었던 그 어떤 에너지와도 다른, 생명의 정신적 에너지였다.

처음부터 인간은 도구를 사용했다. 일부 동물은 손으로 물건들을 집을 수 있었지만, 그 어떤 동물도 그때까지 도구를 사용하지 못했다.

흔적이 확인되는 최초의 인간은 구석기인이라 불린다. 석기를 만든 사람이라는 뜻이다. 구석기인의 유해가 발견되는 경우는 극히 드물지만, 그가 세상에 존재했다는 사실은 매끈하게 문질러서 다듬은 뾰족 부싯돌의 발견으로 증명되었다.

인간이 열등한 동물들의 유골 사이에 신체적인 잔존물 대신에 손으로 만든 작품을, 그러니까 자신의 창조적 지능의 흔적을 남겼다는 사실은 의미하는 바가 크다. 바로 새로운 우주적 에너지에 중요한 차이가 있다. 인간의 무기와 도구는 조악하기 짝이 없는 유형에서 시작해서 곧 보다 세련된 모습을 보이게 되었다. 심지어 장식을 시도하려는 노력까지 나타나기 시작했다. 인간이 바위에다가 긁어서 그림들을 그릴 수 있었던 것이다.

구석기 시대는 돌을 다듬는 기술이 열등했던 초기 구석기 시대와 돌을 다듬는 기술이 조금 세련되었던 후기 구석기 시대로 나뉜다. 이 두 번째 시기에 인간들의 존재를 보여주는 흔적들이 더 많아지고 더 광범위해진다. 하위 구분인 초기 구석기 시대는 과학자들에게 셸 문화(Chellean)[6]로도 알려져 있으며, 민족 집단을 연구하는 학자들은 문명의 그 단계에 이 지구 위에 20개의 집단이 생존하고 있었다고, 또 그 집단들은 탁월한 어느 한 집단의 지배하에 살았다고 결론을 내렸다. 그 집단들은 아득히 먼 과거의 기념물로 남았다. 지질학자와 고고학자들이 발견한 흔적과 지난 5,000년 동안 문학을 통해 내려온 전설과 함께, 그

....
6 파리 근교의 유적지 셸에서 비롯된 표현이다.

들은 현대인이 인간의 삶을 한 편의 감동적인 영화로 볼 수 있도록 한다.

최초의 문명을 이어받은 문명을 포함해, 모든 문명은 내려갈수록 발전 속도를 높였으며, 그와 동시에 문명 자체에도 더 많은 것을 요구하게 되었다. 최고의 목표는 개인을 위해 삶을 더 편하고 더 행복하게 만드는 것이 아니었다. 문명의 각 단계마다 환경은 개인에게 더욱 많은 것을 요구했으며, 인간들은 오직 환경에 기여함으로써만 환경과 함께 진화할 수 있었다. 선진 문명조차도 가만히 정지해 있는 것은 곧 정체를 의미했으며 따라서 죽어 사라지게 되어 있었다.

인간은 상대적으로 힘이 약하고, 털 없는 살갗을 갖고 있으며, 무기도 없고, 다른 포유류에 비해 육체적으로 불리하지만, 지능을 아주 많이 갖고 있다. 왜냐하면 인간이 지금까지 진화했던 생명의 그 어떤 표현보다 더 근본적인 창조의 임무를 수행할 운명을 타고 났기 때문이다. 인간의 새로운 무기는 정신적인 무기였다.

인간이 찢어발길 발톱과 이빨을 가진 포악한 짐승들 사이에서 움직이는 것을 보라. 너무나 무력하다. 영웅적인 행위와 모험을 가로막고 있는 산들 앞에서도 나약하긴 마찬가지다. 하늘을 가르며 나는 날개를 가진 새와 헤엄치는 능력을 가진 물고기가 그저 부럽기만 하다. 인간은 본래 날지도 못하고 헤엄을 치지도 못한다. 적들을 갈가리 찢지도 못하고 적들로부터 빨리 달아나지도 못한다.

그러나 인간의 새로운 무기가 효율성에서 그 모든 것을 능가하는 것으로 입증되었다. 시간이 어느 정도 지나면서 인간은 모든 면에서 탁월성을 확보할 수 있었다. 팔과 다리가 더 강해져서 그런 것이 아니라, 보다 큰 뇌 덕분이었다. 무엇보다도 상상력이 중요한 요소였다.

인간은 지구 위에서 벌어지는 창조 행위에서 신의 중요한 대리자이다. 인간은 단순히 지구의 주인이 되어 자신을 즐기면서 바보처럼 거만하게 굴기 위해 세상에 태어난 것이 아니다. 개인의 탁월성이나 자기 민족의 탁월성에서 승리하는 사람은 절대로 오랫동안 승리를 구가하지 못한다. 그 사람은 쓰러지고 자신의 뒤로 살인과 파괴를 남기게 된다. 역사가 이를 수없이 증명하고 있다.

진정으로 위대한 존재들은 겸손하다. 그러나 우리는 인간이 오랜 세월에 걸쳐서 자신의 세상을 지금 자연의 계획을 넘어서는 세상으로 변화시켰다는 점에 대해 자부심을 품고 자랑스러

위할 수 있다. 인간은 처음 왔을 때 로빈슨 크루소에게 예상되었던 것보다 훨씬 더 열악한 조건이라는 사실을 확인하면서 문명을 건설했다.

그 동안에 세 차례의 빙하기가 있었다. 첫 번째와 두 번째 빙하기는 기간이 더 길었고, 남쪽으로 더 멀리 내려갔다. 인간이 도래하기 얼마 전에, 히말라야 산맥과 알프스 산맥이 높이 솟고 태평양이 형성되었으며, 그 바다에 많은 땅이 잠겼다. 그래서 그 전까지 붙어 있던 지역들이 떨어지게 되었다. 잉글랜드와 아일랜드는 오랫동안 '동결(凍結) 상태'에 있었으며, 사하라는 쾌적하고 비옥한 지역이었다.

세 번째 빙하기에 지구는 다시 얼음으로 덮였지만, 남쪽으로 덜 내려갔다. 알프스 산맥과 카프카스 산맥 사이에, 인간들이 살 수 있는 온화한 기온대가 길게 이어졌다. B.C. 18,000년경에 얼음이 사라졌다. 이젠 폭포가 엄청난 양으로 바다 쪽으로 쏟아졌다. 또 한 차례 대홍수가 있었다. 성경의 이야기에 나오는 것이 아마 이 대홍수였을 것이다.

땅들은 융기했다가 가라앉았으며, 그 대변동에서 이탈리아는 스페인과 그리스와 함께 지금과 같은 지형을 갖게 되었다. 바다는 다시 내륙으로 밀려들어가서 그 전에 강이었던 것을 지중해로 만들었다. 또 다른 강은 홍해가 되었으며, 더 멀리 서쪽에서도 많은 변화가 있었다. 지구는 한 번 더 조용해졌고, 표면을 아름답게 가꿀 수 있었다.

이 어수선한 시대 동안에 인간들은 대륙 빙하들 사이에서 살았으며, 작은 말과 큰 비버뿐만 아니라 거대한 매머드와 칼 같은 이빨을 가진 호랑이들, 사슴들 옆에서 주로 숲 속이나 강가에서 살았다. 아직 사자나 호랑이는 없었으며, 작은 크기의 코끼리들이 셀 문화기에 이은 아슐(Acheulian)[7] 문화기에 모습을 드러냈다. 이어서 사향소와 영양, 양이 등장했다.

초기의 인간들은 거친 도구를 이용했음에도 지능을 거의 보이지 않은 거인들이었다. B.C. 5만 년 이후에, 보다 작고 똑똑한 인종이 등장해 돌조각을 약간의 기술로 다듬어 칼로 이용했다. 그들의 식량은 나무 열매와 뿌리, 달팽이, 도마뱀, 알과 개구리 등이었다. 정말로 그들은 잡식성이었다. 그들은 이상한 장례 의식을 치렀으며, 죽은 자들을 숭배했다. 크로마뇽인은 아메리카 인디언을 다소 닮았다.

세 번째 빙하기 동안에 동물과 인간은 똑같이 동굴에서 살았으며, 위험한 이웃은 대형 동굴 곰이었다. 얼음이 녹음에 따라,

....
7   프랑스 유적지 아슐에서 나온 표현이다

인간과 동물은 숲으로 들어갔으며, 인간은 사냥으로 살아갔다. 예술이 등장하고, 조각이 만들어졌으며, 말을 비롯한 동물들의 머리가 바위에 새겨졌다. 무기와 생활 용구와 함께 목걸이와 다양한 장식품들이, 무릎을 턱까지 잡아당긴 채 앉은 자세로 종종 발견된 죽은 자와 함께 묻히기 시작했다.

　이동하는 사람들이 아프리카로부터 북쪽으로 오면서 사자들을 데려 왔고, 아시아로부터 서쪽으로 오면서 큰 말들을 데리고 왔다. 후기 구석시 시대가 도래했을 때, 인간은 더 이상 원시적이지 않았으며 돌 대신에 뼈와 뿔을 다듬었고, 뼈를 이용해 꿰맸으며, 작살과 창을 이용해 고기를 잡았다. 이 작살은 지금도 미신을 믿는 사람들 사이에 행운을 부르는 것으로 여겨지며, 그것들이 사용되었던 시기에 물이 존재했다는 증거가 전혀 없는 피레네 산맥 근처의 스페인에서 발견된다는 사실은 호기심을 자극한다. 결론은 그것들이 옮겨졌으며, 이미 사치품이나 예술적 아름다움을 지닌 물건들이 거래되고 있었다는 것이다. 왜냐하면 그것들, 특히 이집트에서 만들어진 것들이 아름답게 장식되었기 때문이다.

　여느 때처럼, 물물교환이 이뤄졌던 것들은 쓸모없는 것들, 그러니까 실용적인 것보다는 인간의 정신적, 미학적 욕구를 충족시키는 것들이었다. 인간들은 그런 것들을 갖고 오기 위해 목숨을 거는 모험을 했다.

호모 사피엔스가 등장했으며, 대홍수, 혹시 대홍수가 여러 차례 있었다면 맨 마지막 대홍수가 수반했던 혼란이 정리된 뒤에, 호모 사피엔스는 동물들을 이용하기 위해 길들이고 동물들을 지키기 위해 개들을 키우면서 아주 비옥한 땅을 경작할 수 있었다. 호모 사피엔스는 모든 것의 주인이었으며, 가죽이나 양모로 짠 옷을 입었으며, 무기로 칼뿐만 아니라 활과 화살도 갖고 있었으며, 옥과 금, 청동 장식을 이용하고, 생활에 이용할 목적으로 예술적인 도기를 소유했다. 이것은 발달한 문명이었으며, 인간은 이후로 두 가지 유형, 즉 양치기와 경작자로 분류되었다. 이 두 부류는 오랜 세월을 내려가면서 서로 맞섰을 것이다.

11장

유목민 대 정착민

처음부터 인간은 사냥꾼이었다. 그래서 자기보다 힘이 더 센 포악한 생명체들에 맞서 자신을 방어할 필요가 있었으며, 후에는 인간의 식성이 더욱 육식성으로 변하고 인간이 자신의 잔꾀를 더욱 믿게 됨에 따라 식량을 위해 무서운 동물들을 죽이길 원했다.

세월이 조금 더 흐른 뒤, 인간은 자신의 편의나 이용을 위해서 동물들 일부를 가축으로 만드는 것을 배웠다. 그 과정은 일반적으로 짐작하는 것처럼 동물들을 순하게 길을 들인 것이 아니라 동물들을 잡아서 감금 상태로 두는 방식이었다.

포획된 동물들 중에서 인간이 제공하는 조건에 적응하면서 새끼를 낳을 수 있었던 동물들은 자연스럽게 가축화되었으며, 영양과 얼룩말 같은 동물들은 그런 조건에 절대로 적응하지 못했다. 이집트에서는 사자와 하이에나, 표범도 감금 상태로 살았다. 처음에 동물을 길들였던 것은 가축으로 키우기보다는 신성한 목적 때문이었던 것 같다. 소는 뿔 때문에 제물로 선택되었고, 우유도 성직자들이 먼저 마시고 나중에 다른 사람들이 마셨다. 소는 지금도 인도에서 신성한 존재로 여겨지고 있으며, 모든 종교는 신성한 동물을 갖고 있었다. 야생 동물 수십 만 종 중에서 약 50종이 인간에 의해 가축화되었다.

인간에게서 두 가지 본능이 발견될 것이다. 하나는 떠돌기를 원하는 본능이고, 다른 하나는 그와 반대로 어느 한 지점에 집착하려는 본능이다. 전자가 먼저 표현되었다. 인간들이 가축들을 늘려감에 따라, 지속적으로 움직일 필요성이 생겨났다. 가축들이 한 목초지의 풀을 다 뜯어먹고 나면 새로운 목초지로 옮겨가야 했던 것이다. 그러나 곧 이들 유목민들과 정반대인 정착민들이 발견되었다. 인간들은 어떤 자리에 그곳을 바꿔놓을 만큼 충분히 오랫동안 머무는 경우에 그 지점에 애착을 느끼며 거기에 남았다. 땅을 일궈 농작물을 경작하고 공동체를 형성했던 것이다. 그런 정착촌은 대체로 강어귀에 자리 잡거나 물이 풍부하고 비옥한 땅에 자리 잡았다.

정착민들은 생산하고, 유목민들은 정착민들이 노동으로 일군 결실을 보통 무력으로 빼앗으러 왔다. 초기부터 역사의 흐름이 그런 식이었던 것 같다. 겉보기에 분명히 불공정함에도, 그것이 생산물과 문화를 서로 섞음으로써 문명의 발달을 도왔다.

인간들은 자신들도 모르는 사이에 서로 함께 섞이면서 조직되었다. 그런 식으로 보는 이유는 각 집단이 배척과 편견을 의식적으로 더욱 강하게 보였기 때문이다.

공통의 언어는 문명의 발달과 함께 더욱 복잡해지는 경향을 보이면서 집단을 결합시켰을 것이며, 특히 죽은 자의 육체를 처분하는 문제와 관련 있는 전통과 관습으로부터 특별한 어떤 종교 체계가 형성되었을 것이다. 모든 정착촌은 음식과 의상과 관련해서 낯선 습관을 금하는 터부들을 갖고 있었을 것이며, 성직자들은 혁신에 반대하고 배타성을 완화하지 않으려는 경향을 강하게 보였을 것이다.

비옥한 강 유역과 삼각주에서는 그림과 문학이 발달하고, 온갖 종류의 산업과 음악이 발달하고 정신을 만족시킬 수단이 발달했지만, 개인은 다소 게으르고 이기적인 쪽으로 변했다. 개인의 심리는 최소의 노력으로 최대의 결과를 얻는 쪽으로 기울고 있었다.

유목민들이 이들 정착촌을 방문했을 것이다. 가끔 유목민들은 문명의 어느 한 중심과 다른 중심을 연결하는 무역업자로 행동했을 것이다. 그런 경우에 유목민들은 자신들이 발견하게 된 문명 상태를 시기했을 것이다. 그들 자신이 열등한 민족으로 여겨졌지만 그 문명을 장악할 수 있을 만큼 강했으니 말이다.

문명은 겉모습뿐만 아니라 도덕적 기준으로도 판단되어야 한다. 유목민들은 외적으로 보면 정착민들만큼 진화하지 못했고 일반적으로 야만인으로 멸시 당했지만, 그들은 일부 자질들을 자신들을 경멸했던 정착민들보다 훨씬 더 깊이 발달시켰다. 그들의 생활양식이 그들에게 엄청난 훈련과 질서, 용기, 그리고 추위와 열기, 양식, 물의 부족을 인내하는 능력, 자기 부족에 대한 충성심, 지도자에 대한 헌신을 요구했다. 이런 자질들 덕분에 그들은 보다 물렁한 공동체들을 매우 쉽게 정복할 수 있었으며, 따라서 그 계획이 불가피하게 성취되었다. 민족과 부족의 문화가 서로 섞이고, 인간의 모든 자원을 지속적으로 순환시킨다는 계획 말이다.

문명의 산물들이 곧 야만적인 정복자들에게 영향력을 행사하게 되었고, 정복자들은 정착의 습관을 택하면서 부드러워졌다. 사라진 것들을 바탕으로 하는 향상의 산물들은 절대로 상실되거나 버려질 수 없었다.

원시 부족들 사이를 제외한다면, 마을 사람들은 더 이상 공격자나 불쾌한 이방인들에게 맞서기 위해 스스로를 무장하지 않지만, 국가들은 인류의 통일을 무시하거나 마지못해 인류의 통일을 인정하면서 자국의 국경을 지키고 자국 국민에게만 의무를 인정하고 있다. 그래서 지금까지 혼합을 초래하기 위해 폭력이 필요했다. 전쟁과 정복, 식민지 건설을 위한 과잉 인구의 이주, 무역, 광물 자원의 채취, 그리고 일부 사람들이 끝없이 위험을 추구하고 장애에 도전하도록 만드는, 모험과 변화에 대한 사랑이 그런 폭력에 속한다.

정체는 언제나 죽음을 의미했으며, 따라서 사람들을 오랫동안 정체해 있도록 내버려둬서는 절대로 안 된다. 정복은 최종적으로 피정복자와 정복자 둘 다에게, 그리고 전반적인 인간의 삶 전체에 이런저런 종류의 부의 증대를 안겨 주었다.

만약 자연의 한 가지 사실인 인간의 통합이 마침내 조직화된다면, 그것은 오직 인간의 협력에 의해 이뤄진 모든 것을 높이 평가하는 교육에 의해서만 이뤄질 것이다. 그런 교육은 우주적 계획을 성취하는 쪽으로 노력하기 위해 편견들을 벗어던질 준비가 되어 있어야 한다는 점을 강조해야 한다.

이 우주적 계획은 신의 의지라고 불릴 수도 있으며, 이 의지는 신의 창조 전체에서 적극적으로 표현되고 있다. 우리는 세계 조직에 관한 논의가 이뤄지는 것을 듣고 있지만 거기서 효과적인 결실은 거의 나오지 않고 있다. 그러나 여기서 사용해야 할 단어는 'organization'(조직)이 아니라 'organism'(유기체)이다. 세상이 이미 살아 있는 하나의 유기체라는 사실이 인정받을 때, 그 유기체의 결정적인 기능들이 작동 과정에 방해를 덜 받게 될 것이며, 세상은 "모든 피조물들이 함께 탄식하며 고통을 겪을" 그 날을 향해 의식적으로 전통을 쌓기 시작할 것이다.

종교와 언어는 인간들을 서로 떼어 놓는 반면에, 예술과 과학, 산업의 산물들은 인간들을 결합시킨다. 정신들이 어느 한 사상에 집착하고 있는 곳에서, 변화는 어려운 일이다. 언어는 구체화되기 때문에 쉽게 변할 수 없다. 어느 한 집단의 사람들은 언어를 통해 서로 조화를 이루지만, 타인들은 그들과 조화를 이루지 못한다. 그 점은 우리를 지속적으로 괴롭히는 곤경인 것 같다. 왜냐하면 어딜 가나 지역 언어가 부활하고 있고 또 맹렬히 지켜지고 있기 때문이다.

종교는 연합하려는 경향을 아직까지 전혀 보이지 않고 있다. 한편, 사려 깊은 사람들은 비종교적인 정신을 고의로 배양하는 것에서 더 큰 위험을 보고 있다.

　이런 모든 모순들에 대한 대답은 올바른 교육에 있으며, 정치적이거나 사회적인 방법으로는 절대로 결실을 끌어내지 못한다. 정신을 움직이려면 신성하고 깊은 것들의 영향이 필요하며, 문명화된 인류의 새로운 아이들은 인류애라는 성스러운 명분에 대해 깊은 열정과 감정을 품을 수 있어야 한다. 그러면 종교에 대해선 가르칠 필요조차 없을 것이지만, 외적 진리뿐만 아니라 내적 진리에 대한 숭배가 자연스런 자유 속에서 커갈 것이다. 인간의 목표들에 대한 상호 이해가 더욱 깊어질 때, 언어라는 장벽들은 언어에 불리하게 작용하는 경제적 힘들 앞에서 무너져 내릴 것이다.

12장

창조자와 계시자로서의 인간

우리가 살고 있는 지구와 그곳에 서식하는 동식물들의 과거 역사를 상상력을 발휘해 재구성하는 것은 지적인 인간들의 발견들에 의해서만 가능했다. 이 재구성은 공통적인 지능이 도움을 전혀 받지 않은 가운데 이룬 결과가 아니라 체계적인 과학의 도움을 받은 결과였다.

　오늘날 문화인은 자연이 부여한 것보다 훨씬 더 막강한 감각의 힘을 갖고 있으면서 자연인보다 훨씬 더 탁월하다. 망원경과 현미경은 문화인의 시야를 확장하고, 인간 정신의 마법적인 힘을 바탕으로 자연의 비밀을 연구한 수학자와 화학자, 물리학자의 축적된 결실은 세상에 대한 지식을 확장하고 있다.

그리하여 인간의 위대성이 나타나고 있다. 동물이나 식물들보다 월등히 앞선 가운데 창조하고 변화시키고, 세상 전체뿐만 아니라 세상 밖의 우주까지 탐험하고 시간적으로 과거로 돌아갈 수 있고, 오래 전에 존재를 그만둔 것까지 탐구할 수 있는 것이 인간이니 말이다.

우리가 관심을 갖고 공부하는 모든 주제는 인간 존재들과 연결될 수 있으며, 인간 존재들은 그 주제들을 이해하기 위해 장애들을 극복하고 우리에게 고통 없이 지식을 주기 위해 열심히 노력했고 종종 갈망하기도 했다. 모든 것은 인간 영혼의 열매이며, 우리는 이 산물을, 말하자면 인간에 의해 우리에게 물려진 이 많은 보물들을 교육에 녹이고 있다. 우리는 이름이 알려져 있거나 알려지지 않은 모든 선구자들, 그러니까 인류의 길을 밝힌 불꽃의 소유자들에게 존경심을 느껴야 하고, 아이들에게도 그런 존경을 격려해야 한다.

대부분의 사람들은 새로운 것에 관심을 보이는 일에 더디다. 심지어 지적인 사람까지도 사상의 세계에서 상호 안전에 도전하는 새로운 사상을 적대적으로 보면서 전진을 거의 이루지 못한다. 사람들은 육체적으로만 아니라 정신적으로도 게으르고,

오직 삶을 즐기기만을 원한다. 그렇기 때문에 자신의 안녕과 행복을 해치면서까지, 또 자신의 생명을 위험에 빠뜨리면서까지, 내면의 어떤 힘에 자극을 받아 일을 하는 사람들에게 그 만큼 더 깊은 존경을 보내야 한다.

고대 그리스인들은 2,000년도 더 전에 예술과 문학에서 위대한 것들을 성취했으며, 시기에 비해 찬란한 문화를 꽃피웠다. 시인이었던 어느 그리스인은 그리스 밖에 있는 야만인들에 관한 이야기를 모두 진실로 받아들일 수 없다는 느낌을 받았다. 북쪽의 사람들은 1년 중 6개월 동안 잠을 자고, 남쪽 끝에 사는 사람들은 모두가 대머리라는 식이었으니 말이다.

그래서 그는 여행을 하면서 이런 이야기들이 사실인지를 직접 눈으로 확인하기로 마음을 먹었다. 그런 그에게 사람들은 미지의 바다들과 자연의 힘들의 위험뿐만 아니라 사람을 잡아먹는 거인과 마법사도 조심해야 한다는 식으로 온갖 경고의 말을 다 했다. 그래도 그는 결심을 굽히지 않았다. 그는 자신의 삶에 충실하기 위해 여행을 해야만 했다. 그래서 그는 작은 배에 몸을 싣고 여행을 떠났다.

배는 노와 돛의 힘으로 서서히 나아갔다. 그의 친구들은 그를 다시는 보지 못할 것이라고 짐작했다. 그러나 17년 뒤에 그는 돌아왔으며, 그의 옛 친구들은 온갖 질문을 던지기 위해 그에게 몰려들었다. 이마 한가운데에 눈이 하나 있는 외눈박이 키클롭스를 보았는가? 6개월이나 뻗어 자는 사람을 보았는가? 켄타우로스[8]와 인어는 어떻게 생겼던가?

그는 그런 것들은 보지 못했지만 그런 것들보다 더 놀라운 것을 보았다고 대답했다. 모든 나라에 사는 사람들이 자기와 아주 많이 닮았고, 먹고 자고 입는 것도 자기와 아주 비슷했다는 것이었다. 또 바빌론에는 공중 정원이 딸린 3층짜리 높은 건물이 있었고 향수를 뿌린 부인들과 현명한 철학자들도 있었다고 전했다. 여러 신이 아니라 단 하나의 신을 믿는 페르시아에서는 사람들이 거리에서 만나면 서로 키스하고 아이들은 읽고 활을 쏘고 언제나 진실만을 말하도록 교육을 받더라고 했다.

돌아온 여행자, 그의 이름은 헤로도토스(Herodotus)였으며, 그는 이런 것들을 포함한 많은 것들을 친구들에게 읽어주기 위해 책에 담았다. 이 책이 그런 종류의 책으로는 처음이기 때문에, 그는 지금 '역사의 아버지'라고 불리고 있다.

또 다른 그리스인인 알렉산더 대왕도 위대한 여행자였으며, 이집트에 알렉산드리아를 건설하고 다른 곳에도 그의 이름을

....
8   그리스 신화에 반은 말이고 반은 사람으로 나오는 괴물.

딴 도시들을 건설했다. 알렉산드리아는 어느 훌륭한 대학의 고향이 되었으며, 이 대학의 총장도 다른 부류이긴 하지만 마찬가지로 발견자였다. 그는 정신적으로 탐험하길 원하고 수학과 천문학에 대해 새롭게 설명하려 노력했다.

그는 월식 때 달에 나타나는 지구의 그림자를 관찰함으로써 지구가 구(球)라는 것을 발견했다. 그는 원을 360개의 부분으로 나누어 지구의 크기를 계산했다. 그는 태양이 알렉산드리아와 동일한 자오선에 위치한 아스완 바로 위에 있을 때 천정(天頂)과 7도 각도를 이룬다는 사실을 발견했다. 알렉산드리아에서 아스완까지의 실제 거리가 5,000 스타디아[9]이기 때문에, 그는 이것을 바탕으로 지구 둘레를 계산할 수 있었다. 이 그리스인은 에라토스테네스(Eratosthenes)라 불렸으며, 그는 B.C. 200년 쯤에 살았다.

B.C. 200년에 프톨레마이오스(Ptolemy)라 불린 이집트인은 당시에 알려진 세상의 모든 나라들을 담은 지도를 만들었다. 거길 보면 유럽의 지중해 국가들뿐만 아니라 아시아와 아프리카의 많은 부분이 나타난다.

우리들 중에도 이런 종류의 발견자들이 있다. 겨우 25년 전

....
9 미터로 환산하면 185-192m이다.

에, 뉴욕의 자연사박물관(Natural History Museum)의 관장은 중앙아시아의 고비 사막을 탐험할 경우에 초기 괴물들의 흔적을 찾고 소중한 결과를 얻을 수 있다고 확신했다. 사람들은 그를 비웃으며 그 탐험에 대해 돈과 노력의 낭비라고 생각했지만, 그는 주장을 굽히지 않고 탐험대를 구성했다.

박물관의 큐레이터였던 앤드류스(Roy Chapman Andrews)가 탐험 책임자로 나서기로 했다. 그가 이미 북극 바다에서 고래들의 생활을 연구하는 탐험을 한 바가 있고, 그런 선구적인 활동을 즐겼기 때문이다. 그와 그 프로젝트를 믿었던 남자들 10명이 함께 탐험을 떠났다. 그들은 베이징에 도착해서 자동차를 3대 구입했지만, 여전히 실망스런 말만 들었다. 모두가 그들에게 끔찍한 사막 폭풍과 낮의 열기와 밤의 냉기, 인간의 도움이나 위로를 받을 수 없는 상황 등을 거론하며 경고하고 나섰던 것이다. 게다가 바다에서 그렇게 멀리 떨어진 높은 고원에 물과 육지에서 동시에 살 수 있는 파충류의 잔해가 어떻게 나올 수 있어?

그러나 그들은 총으로 무장한 채 처음에는 다른 대상(隊商)들에 섞여 나아갔지만, 곧 그들만의 힘으로 내륙 깊숙이 무서운 미지의 땅으로 들어갔다. 아무도 이 미친 인간들이 살아서 돌아

올 것이라고 예상하지 않았다.

말할 수 없는 어려움 속에서도 인내심을 발휘하면서, 그들은 모래밭을 파기 시작했다. 끝없는 노력을 요구하는 단조로운 작업은 어쨌든 낭비처럼 보였다. 그러다 그들은 마침내 자그마한 뼛조각을 발견했다. 그 순간 그들은 그 뼛조각을 땅바닥에 놓고 주위를 돌면서 덩실덩실 춤을 추었다. 왜냐하면 그것이 자신의 믿음이 옳았다는 점을 뒷받침하는 증거였기 때문이다. 그들은 돌아가기 전에 증거를 충분히 많이 확보했다. 공룡 수백 마리가 살다가 죽은 곳이라니!

그들은 많은 알들을 발견함으로써 한 가지 문제를 풀었다. 이 파충류들이 새끼들을 어떤 식으로 번식했는지를 알아낸 것이다. 발굴 도중에, 그들은 괴물 포유류의 뼈처럼 보이는 거대한 기둥들을 발견했다. 이어서 다른 뼈들도 나왔다. 분명히 동일한 생명체가 남긴 것이었다. 마지막으로 똑바로 선 자세의 다리도 나왔다. 이것은 그 생명체가 유사(流砂)에 빠져 죽음을 맞았다는 사실을 보여주고 있다.

그래서 그들은 뉴욕으로 갖고 갈 것이 많았으며 크게 만족했다. 그럼에도 그들은 자신을 위해서는 어떠한 보상도 챙기지 않았다. 그들은 도덕적 승리를 거두었으며, 인간 지식의 총량에 일정 부분을 보냈다. 그러나 많은 사람들은 여전히 그들을 미쳤다고 생각했다. 옛날의 뼈 몇 점을 발견하는 즐거움을 누리기 위해 사막을 파다니!

우리는 이런 과거 또는 현재의 모험가들과 탐험가들에게 감사를 전하기 위해서 그들에 대한 존경심을 키우는 것이 아니다. 그들이 이미 우리가 닿을 수 없는 곳에 있기 때문이다. 그러나 우리는 아이가 인간이 지금까지 해 왔고 또 지금도 여전히 해야 하는 몫을 깨닫도록 도움을 주기를 원한다. 왜냐하면 그런 깨달음이야말로 영혼과 양심의 향상을 낳기 때문이다.

역사는 살아 있고 역동적이어야 하며, 열정을 깨우고, 지적 자기 본위와 이기적인 게으름을 파괴해야 한다. 2,000년 동안 우리는 "네 이웃을 네 같이 사랑하라."고 배워왔다. 그럼에도 우리는 그런 이타적인 사랑에 조금도 더 가까이 다가서지 못했다. 이유는 단순한 설교로는 아무것도 이루지 못하기 때문이다.

정신의 숭고함은 대체로 인간 영혼의 표현인 시와 문학을 통해 가르쳐지고 있으며, 그것은 손으로 만질 수 있는 것이 아니며 아이의 정신에 거의 무의미하다. 그러나 인간 성취의 역사는 진짜이며, 인간의 위대성을 증명하는 살아 있는 목격자이다. 아이들은 자기들처럼 삶의 문제들을 풀기 위해서 정신적으로, 육체적으로 노력하고 있는 사람들이 수백 만 명이나 있다는 사실을 알게 되면 거의 전율을 느낀다.

지질학의 대(代)들에서처럼, 사상 분야에서도 급박한 변화가 일어날 수 있는 환경이 준비되어야 한다. 사상을 위한 준비가 마무리될 때, 적절한 정신적 환경 안에서 많은 정신들이 조직되면서 발견들을 일궈내게 된다. 수백 개의 지성들이 유익한 무엇인가를 표현하거나 새로운 지식을 발견한 어떤 사람의 인격 안에서 하나로 결합되고 있다. 시 분야를 제외한다면, 선구자들은 언제나 자기보다 앞서 살았던 사람들의 도움에 의존하고 있다.

집이 토대 위에 서듯, 현재는 과거 위에 선다. 인간은 창조의 작업에서 자연보다 훨씬 더 멀리 나갔으며, 만약 인간이 손이나 발이 없는 신(神)을 받아들이고 느끼지 않았다면, 인간은 절대로 그런 성취를 이루지 못했을 것이다. 그 신은 지금도 인간을 포함한 다양한 행위자들을 통해서 자신이 설계하며 엮어내고 있는 우주를 두루 돌아 다니고 있다.

인간은 자신의 욕망을 성취하기 위해 더 이상 손에만 국한시킬 필요가 없다. 기계가 있기 때문이다. 초(超)자연은 지금 인간의 욕망이다. 그것 또한 인간이 기계를 갖고 있기 때문이다. 초자연은 지금 인간의 잠재력이 자라나는 바탕이다. 인간의 삶은 그전 어느 때보다 더 넓고 더 숭고하다. 아이들도 그런 삶을 살 준비를 해야 한다. 따라서 교육에서 근본적인 원칙은 모든 주제들이 상호 관련성을 지녀야 하고, 그 주제들이 우주적 계획의 성취로 초점을 모아야 한다는 것이다.

13장

초기의 위대한 문명들

역사 분야의 연구가 과학의 도움을 받은 것은 오직 최근의 일
이다. 그 한 가지 결과가 사회 조직이 시작된 것으로 짐작되는
시점이 뒤로 많이 밀려나면서 아직 확정 지울 수 없게 되었다
는 것이다.
   지금까지 연구된 고대 중에서 절대 다수가 아무리 야만적이
었다 할지라도 인류가 비교적 발달한 유형의 문명의 중심들을
갖고 있지 않았던 시기는 전혀 없었다는 점을 발견한 것은 놀
라운 일이다. 학자들은 이전까지 경시되었던 많은 전설과 신화
에도 어느 정도의 진리가 담겨 있다는 점을 인정해야 한다.

특히 동양의 전설과 관련해서 연도의 변화가 필요하게 되었다. 문명은 최근까지 대부분 서양의 산물로 여겨졌으며, 동양의 고대 중심지들과는 약간만 연결되는 것으로 생각되었다.

인도의 현자들은 자기 민족의 기록들과 심오한 철학 작품이 고대의 산물이라고 끊임없이 주장해 왔다. 그 기록들은 서양 철학자들의 고지식한 성격을 만족시키지 못했지만, 지금은 완전히 받아들여지지는 않는다 하더라도 존경을 받아야 할 만한 충분한 증거들을 확보했다. 분명히 밝혀진 한 가지 사실은 발달한 형태의 아시아 문명들은 유럽 문명보다, 심지어 이집트 문명보다도 시간적으로 앞서며, 유럽 문명과 이집트 문명은 똑같이 그보다 더 앞에 있었던 땅에서, 잃어버린 어떤 대륙에서 비롯되었다는 것이다.

앞의 장들에서, 어떤 계획을 성취하는 과정에 지구가 자연적인 힘들을 통해서 얼마나 자주 변화를 겪었는지를 보았다. 그런 변화들 중 하나는 B.C. 75,000년쯤에 어느 땅 전체를 대서양 아래로 잠기게 할 만큼 끔찍한 홍수를 일으켰다. 이 대서양의 대륙 중에서 남은 부분이 포세이도니스라 불린 섬이었는데, 이집트 성직자들로부터 지식을 배웠던 그리스 현인 솔론(Solon)의 기록에 따르면, 이 섬마저도 B.C. 11세기에 바다 밑으로 가라앉

왔다.

　서양 세계의 얼굴을 아주 심하게 바꿔놓은 이런 대재앙들은
아시아의 부분들도 변화시켰다. 인도 남쪽에 있던 옛날의 랑카
대부분을 바다 속에 잠기게 하고, 히말라야 산맥과 중앙아시아
고원을 융기하게 했다. 그러나 생명은 방해를 받지 않았으며,
아틀란티스에서처럼 아시아에서도 단절되지 않았다. 문명들은
살아남아서 특별히 번영을 누렸다.

　이 문명들이 번영을 누린 것은 아마도 그 불운한 땅에서 달아
나라는 성직자들의 경고를 따랐거나 아니면 일상적인 식민지
건설의 과정으로 현지를 떠났던 아틀란티스의 이주자들 덕분
이었을 것이다. 아틀란티스 사람들은 제국의 부와 권력뿐만 아
니라 모험심 강하게 식민지 건설에 적극적인 민족으로 유명했
던 것 같다. 그들의 문화는 아시아의 많은 지역뿐만 아니라 이
집트와 페루에도 오랫동안 살아남았으며, 아시아에서 그 문화
는 뒤이은 아리아인의 문화와 뚜렷이 구분되었을 것이다.

　유럽의 습지들이 거주에 적절할 만큼 마르자마자 그곳을 차
지하러 온 사람들은 중앙아시아 출신들이었다. 그들 중 일부는
카프카스 산맥과 지중해 해안을 거쳐 왔으며, 또 다른 일부는
보다 북쪽의 길로 왔다. 후자에 속하는 사람들이 살던 곳을 떠

난 이유는 아마 그곳이 B.C. 20,000년에 살기에 적합하지 않을 만큼 건조했기 때문일 것이다. 왜냐하면 고비 사막이 지금 지구 표면의 그 부분을 차지하고 있는 것으로 여겨지기 때문이다.

유럽이나 아프리카로 이주하지 않은 사람들은 남쪽으로 페르시아와 인도로 여행했다. 거기서 그들은 다소 나쁜 습관을 가진 상태에서 쇠퇴하고 있던 문명의 부유하고 세련된 사람들이 거주하던 아틀란티스의 국가들을 침투하거나 정복해서 그 땅을 아리아바르타(Aryavarta)로 바꿔 놓았다. 고대 인도의 이야기에 나오는 랴크샤사(Rakshasa)[10]들이 여기서 말하는 나쁜 습관을 가진 사람들에 해당한다.

그리하여 인도는 양립할 수 없는 차이들을 통해서 다소 불안한 전체를 만드는 한편으로 위대한 지도자들과 철학자, 성인들을 통해서 드물게 관용과 응집력 강한 사회적 구조를 발달시키면서, 가장 오래된 문명들과 훗날의 문명들을 서로 연결시키는 중요한 고리가 되었다. 학자들은 신성한 스리 크리슈나(Sri Krishna)가 쿠루크세트라 들판에서 아르주나(Arjuna)의 전차(戰車)를 언제 몰았는지, 혹은 완전한 왕인 라마(Rama)가 자신의 아름다운 아내 시타(Sita)를 되찾기 위해 라바나(Ravana)와

....
10 인도 신화에 등장하는 악령으로 한자로는 나찰로 적는다.

언제 싸움을 벌였는지에 대해 의견의 일치를 보지 못하고 있다. 그러나 이것들이 역사 속에서 일어난 일이라는 점을 부정하는 사람은 오늘날 거의 없다.

보다 완전하게 증명된 것은 고타마 붓다(Gautama Buddha)의 기록이며, 붓다를 종교적으로 추종하는 사람들의 숫자는 엄청나다. 또 힌두 철학자 스리 상카라차리야(Sri Sankaracharya)와 스리 라마누자차리야(Sri Ramanujacharya)의 기록도 있다. 이들은 인도 문명을 위해서 정신적 기조를 확립하려고 노력한 인물들이다. 이런 정신적 기조는 다른 곳에선 시도되지 않은 접근 방식이었다.

오랫동안 다른 아리아인들과의 건강한 외부 접촉으로부터 고립된 채 지냈던 정복자들과 무역업자들이 인도 국경 안에 정착촌을 지었다. 이것은 그들 자신뿐만 아니라 종국적으로 인도에도 유익한 일이었다. 이슬람교도들은 그 민족의 생활양식을 풍성하게 가꾸도록 자신들의 문화를 더하고 있었으며, 무굴 황제 악바르(Akbar)라는 이름으로, 인도의 현명한 통치자 중 한 사람을 배출했다. 그 후로 영국의 통치가 인도에 현대 서양 사상을 끌어들여 정치적 활동을 자극했다.

고대 세계에서 대학들의 자리를 신비 의식이라 불린 종교 단체들이 대신했으며, 지성을 갖춘 위대한 인물들이 이 단체에 입회하려고 노력했으며, 이 단체는 세계적으로 연결을 갖고 있었다. 이들 중 가장 중요한 것들은 인도와 바빌론, 이집트에 있었으며, 고대 그리스의 도시 엘리우시스에 행해졌던 신비 의식도 유명하다. 원래의 중심지는 전통적으로 번영과 지혜의 황금시대를 누리던 아틀란티스였으며, 브리튼과 갈리아의 드루이드교도도 마찬가지로 지식을 그 원천에서 끌어냈다. 위대한 그리스 학자 피타고라스(Pythagoras)는 마기[11]와 브라만[12]으로부터 지혜를 배우기 위해 바빌론과 인도를 여행했다.

오랜 옛날부터 아시아의 또 다른 문명 중심은 중국 땅이었다. 중국은 오랫동안 영혼을 갉아먹는 투쟁을 겪은 끝에 다시 쇄신을 꾀하고 있으며, 영원한 젊음과 아름다움의 비결로 학자들의 관심을 더욱더 잡아끌고 있다. 중국에서는 아직 고고학적 연구가 거의 이뤄지지 않았으며, 따라서 문명이 시작된 시기를 확정할 수 없지만, 중국은 외부에 알려진 이후로 발달한 문명을 누렸음에 분명하다. 중국의 결점은 중국인들이 자신의 문명의 진화적 발달의 완전성에 지나치게 만족하면서 외부 접촉으로부

....
11 고대 페르시아 조로아스터교의 사제 계급을 일컫는다.
12 인도의 최고 계급인 사제 계급을 말한다.

터 스스로를 위험할 정도로 고립시켰다는 점이다. 그런 고립이 우리가 동물의 종을 통해 확인하듯이 인간에게도 치명적일 수 있는데도 말이다.

중국인들도 우랄 알타이어족 사람과 몽골족처럼 아틀란티스 계통에서 나온 것으로 여겨지고 있으며, 일부 전문가들은 중국인을 셈족에 의해 메소포타미아 땅에서 쫓겨난 서 아시아의 아카드인과 연결시킨다. 중국인들이 얼마나 오래 전에 인쇄 기술을 발달시키고 나침반 같은 다양한 발명을 이뤘는지에 대해 아무도 모른다. 유럽인들은 몇 세기 뒤에 중국인들로부터 그런 것을 배웠을 것이다.

중국의 위대한 현자인 노자(老子)는 도교의 창시자이며, 붓다와 동시대인이었다. 붓다의 종교도 중국으로 전파되어 도교와 조화를 이루며 섞였다. 그러나 중국 문화와 풍습은 마찬가지로 B.C. 6세기에 출생한 현자 공자(孔子)의 영향을 더 많이 받았다. 중국의 중요한 고전을 쓴 공자는 지금도 여전히 모든 사람의 존경을 받고 있다.

마르코 폴로(Marco Polo)라는 베네치아 여행객이 13세기에 이 고대 제국의 힘과 부(富)를 유럽에 소개했으며, 그 이후로 인쇄술과 비단 제작 과정, 차, 화약 등 많은 물품과 발명품이 차

용되었다. 중국은 무역에 문호를 강제로 열어야 했으며, 수많은
부침을 겪으면서도 정신적 통일성을 지키고 있다.

14장

아득한 옛날의 이집트

이집트 문명은 구석기 시대부터 현재까지 몇 차례의 암흑시대를 제외하곤 늘 번창했던 것 같으며 그리스인들을 통해 유럽문화 대부분을 낳았다. 지리적으로 가운데에 위치해 있고, 강의 수량(水量)과 천연 자원이 풍부한 덕분에, 이집트는 문명이 전파해 나가는 지점으로 아주 적절했다. 이집트는 또 잃어버린 대륙의 사람들로부터 과학과 예술에 관한 지식을 많이 물려받은 이점을 누렸다. 이집트인들은 식민지 건설에도 탁월한 재능이 있었으며, 자신의 환경을 바꿔놓을 수 있었다. 그들은 창조적인 정신을 가졌으며, 다른 사람이 모방할 수 있었던 것을 발명할 수 있었다.

인류에게 엄청나게 중요한 발명이 이집트에서 이뤄졌다. 그 발견은 물론 일련의 부분적 발견들이 이뤄진 결과였다. 나일 강에 계절에 따라 일어나는 범람은 언제나 토양을 기름지게 만들었으며, 범람이 지나간 자리에는 식물이 싹을 틔웠다. 그때 어느 농부의 머리에 생명을 주는 물을 옮길 수로를 파면 좋겠다는 생각이 떠올랐을 것이다. 그리하여 관개가 활용되기 시작했으며, 이것은 강 유역에 살던 사람들, 특히 메소포타미아 사람들에 의해 모방되었다.

이집트인들의 또 다른 발견은 대단히 중요한 구리였다. 홍수가 지나가고 나서 보면 나일 강둑에, 조류가 떠 있던 물웅덩이들에 물이 소용돌이치며 지나간 곳마다 초록색 물질이 침전되었다. 이집트인들은 초록색을 대단히 높이 평가했다. 이집트인들은 초록색을 생명을 주는 것으로 여겼으며, 심지어 장수를 기원하며 얼굴을 초록색으로 칠하기도 했다. 그래서 그들은 이 초록 공작석을 발견하고는 그것을 갈아서 얼굴에 바르는 풀을 만들기 위해 지방과 섞으면서 더 잘 섞이도록 하기 위해 불에 올려놓고 열을 가했다. 그러면 지방은 다 타고, 딱딱한 찌꺼기만 남았는데, 그것이 바로 구리였다.

이 새로운 물질은 구슬과 냄비, 장식을 만드는 데 이용되기 시작했으며, 대량으로 생산되었다. 구리로 만든 그릇들은 아주 비쌌지만 깨어지지 않았기 때문에 수요가 대단히 많았으며, 광산은 더 많은 공작석을 캐기 시작했다. 곧 황동도 쓰였으며, 악기들은 황동과 현으로 만들어졌다.

이집트인들은 탁월한 장인이었으며, 아무도 그들의 기술을 능가하지 못했다. 그들은 자신의 일을 지극히 사랑했다. 심지어 침대도 오늘날 우리가 쓰는 것보다 훨씬 더 아름다웠다. 침대 다리는 동물 모양으로 아름답게 조각했으며, 침대에 올라가는 계단도 아름답게 장식했다. 그러나 베개는 단단한 나무로 만든 머리 받침이었다. 이때가 B.C. 4000년이었으며, 탁자와 의자, 거울도 경이로울 만큼 아름다웠다. 숟가락은 상감 무늬를 넣은 상아로 만들었으며, 부인들은 머리를 다듬는 데 장식이 많은 빗을 이용했다.

이런 식으로 이집트인의 영혼은 스스로를 아름답게 표현했다. 이집트인들은 무덤에 시신과 함께 장식품과 악기를 묻는 풍습이 있었다. 그래서 무덤에서 그런 것들이 발굴되었다. 또 이집트인들은 농기구와 노예들의 조각상을 무덤에 넣었다. 이들이 죽은 자들의 땅에서 마법처럼 살아나서 이 땅에서 한 것과 똑같이 자신의 주인을 위해 땅을 가는 것으로 여겨졌다.

죽은 자들의 시신은 3척의 배로 나일 강 건너편으로 옮겨졌다. 배 한 척은 관과 함께 성직자들과 친척들을 태웠고, 두 번째 배는 장례 의식에 반드시 필요한 전문 장례사들을 태웠으며, 세 번째 배는 음식과 죽은 자가 사용하도록 묻힐 온갖 귀중품들을 실었다. 강 건너편에 도착하자마자, 수소가 관을 무덤까지 끌고 갔으며, 이 소는 장례 의식 중에 제물로 바쳐졌다.

무덤의 벽에서 신성한 내용을 새긴 글이 많이 발견되었으며, 나중에 이 글은 파피루스에 쓰였다. 이 글들을 모은 것이 '사자의 서'(The Book of the Dead)이며, 학자들은 지금 이 책을 판독할 수 있다. 죽은 자들을 숭배하는 것은 역사에 대단히 이로울 수 있지만, 조상 숭배가 그런 목적으로 고안된 것은 아니었다. 그것은 식물들이 묻히는 것이 우리에게 석탄을 주기 위한 목적이 아닌 것과 똑같다.

죽은 자들을 방부처리 하기 위해, 이집트인들은 장식품에 쓰이는 귀중한 돌과 금속 외에 귀한 약초와 향신료도 필요했다. 그들은 두 가지 종류의 배를 이용했다. 한 종류는 나일 강을 오르내리기 위한 것이고, 다른 하나는 바다를 항해하기 위한 것이었다. 돛은 똑같이 아름답게 수 장식을 했다. 그들은 이 배로 지중해와 홍해 해안에 닿았으며, 아래로 동 아프리카 해안을 따라

멀리 소말릴란드[13]까지 항해했다. 그들은 페르시아 만을 가로질러 시리아와 그 너머까지 진출했으며, 에게 해의 섬과 소아시아와도 친숙했다.

수메르 사람들은 페르시아 만 해안의 정착민들이었으며, 어느 전설은 그들에게 경이로운 많은 것을 가르쳐준 신들을 데려다 준 거대한 물고기에 대한 이야기를 들려주고 있다. 이 신들은 다시 이 물고기의 몸 안에 들어간 상태에서 떠났다고 한다. 수메르 사람들은 또 짐작컨대 이집트인들의 도움으로 세련된 문명을 발달시켰다. 몇 년 전에 인도 북서쪽 지방의 모헨조다로에서 위대한 고고학적 발견들이 이뤄졌는데, 거기서 수메르 사람들의 유해가 발견되었다.

이집트인들은 다른 사람들에게 돈을 주고 자신들을 대신해서 싸우도록 했으며, 또 노예들이 자신들을 대신해서 일하도록 했다. 그렇기 때문에 문명의 발달이 언제나 도덕적 선(善)을 수반하지는 않는 것이 확인된다. 피라미드를 비롯한 놀라운 기념물들은 잔인한 감독 밑에서 노예들에 의해 건설되었다.

종교 개혁가였던 어느 위대한 파라오가 등장했다. 그는 가장 중요한 의무는 진리 속에 살면서 진리를 추구하는 것이라고 말

....
13 오늘날의 소말리아와 지부티를 포함하는 지역으로 고대 이집트인들에겐 '푼트(Punt)의 땅'으로 알려져 있었다.

하면서 숭배를 순화하고 단순화하기를 원했다. 그가 그런 일을 성공적으로 완수하기에는 성직자들의 힘이 너무 강했다. 그래서 결국 그는 폐위되었지만, 이집트는 더 이상 통일되지 못했으며 쇠퇴하기 시작했다.

역사 연구에서 고대 종교를 무시하거나 경멸하는 것은 더 이상 허용되지 않는다. 종교가 인간의 심리에서 아주 중요한 부분을 차지하기 때문이다. 대단히 원시적인 인간들도 종교적 감수성을 갖고 있었으며, 이 감수성이 그들로 하여금 산 자와 죽은 자, 나무, 태양과 별에서 정령을 보도록 만들었다. 원시인들은 상상의 눈으로 그것들을 보며, 우리도 상상력을 발휘하면서 자연에 존재하는 신비를 지각할 수 있다.

사람은 종교 없이 살지 못하며, 종교는 그 사람의 발달의 각 단계에 적절해야 한다. 이집트에는 신이 많았으며, 신들을 둘러싼 신비들도 많았다. 모든 신들 중에서 가장 중요한 신은 세상과 인간을 창조한 태양이며, 태양은 자신의 아들인 파라오가 세상과 인간을 돌보도록 했다. 태양은 아몬-라라 불렸으며, 그를 대적할 만한 신은 없었지만 그보다 급이 낮은 신은 많았다.

이집트를 지배한, 인간의 모습을 한 신들인 이시스와 오시리스에 관한 아름다운 이야기가 있다. 오시리스가 적들에게 배신을 당해 죽었다. 이시스는 오랫동안 찾아 헤맨 끝에 해체된 오시리스의 시신을 발견해서 수습했다. 그때 오시리스는 죽은 자들의 지배자가 된 반면에, 이시스와 그녀의 아들 호루스는 땅을 지배했다. 인간은 라의 눈 아래에서 땅에서 살다가 나중에 오시리스에게 가서 심판을 받았다. 진실을 다는 저울로 심장의 무게를 쟀던 것이다. 그래서 미신을 믿는 사람들은 죽은 자의 심장을 납으로 채웠다. 그러면 심장의 무게로 심판을 내리는 오시리스를 속일 수 있었으니까.

여기서 이집트의 역사에 대해 포괄적으로 설명하는 것은 불가능하기 때문에 단지 필요한 공부에 길잡이 역할을 하는 정도에서 그쳐야 한다. 현대 역사의 철학은 사람들의 만남과 섞임을 강조하고, 보다 큰 집단으로 합류하려는 경향을 가진 집단들을, 그리고 마침내 인류의 통합을 조직화하기 시작하는 국가들을 중요하게 여기고 있다.

혼합은 하나의 느린 과정이며, 문명은 혼합의 산물이다. 선생들은 개인들보다는 전체 민족의 삶의 역사를 중요하게 받아들이면서 각 집단의 기원과 지리적 위치와 성장, 그 집단의 이동과 그 집단과 다른 집단들의 관계를 공부해야 한다. 그런 사실들을 아이들에게 이해하기 쉽게 전달해야 한다.

15장

바빌론의 삶과
바빌론과 티로스의 관계

두 개의 강, 즉 유프라테스 강과 티그리스 강으로부터 물을 공급받던 땅, 그러니까 지금 메소포타미아라고 불리는 곳은 이집트 문명만큼 오래된 문명의 현장이었다. 메소포타미아 문명과 이집트 문명은 오랫동안 함께 존재하면서 경쟁 관계에 있었지만, 바빌론이 더 많은 변화를 겪었으며 종종 정복자들에게 넘어갔다.

　고고학자들은 모래 속에서 바빌론 가까이 있었던 보다 중요한 수도 니네베 같은 도시들의 잔해를 많이 발견했다. 칼데아, 아시리아, 바빌론, 페르시아 제국들이 B.C. 1,000년 동안에 교대로 거기서 지배력을 행사했다. 이유는 그곳의 국경들이 자연에 의해 잘 보호되지 않았기 때문이다.

헨리 롤린슨(Henry Rawlinson)은 『바빌론의 역사』(History of Babylon)에서 그 위대한 도시를 성경을 통해 기독교인들에게 익숙한 네부카드네자르(Nebuchadnezzar) 왕의 시대에 존재했던 곳으로 묘사했다. 그 도시는 그때까지 알려졌던 세계의 곳곳에서 온 사람들로 가득했다. 턱수염을 길게 기르고 헐렁한 옷을 걸친 셈족이 지배적이었으며, 킬트 풍의 짧은 치마를 입고 면도를 말끔히 한 수메르 사람들도 있었다. 이 수메르 사람들은 정복당한 문명의 사람들이었지만, 그들은 셈족 정복자들로부터 학식 때문에 존경을 받았다. 많은 사람들이 예언가이자 점성술사였던 수메르 현자들에게 상담을 청했다. 도시 생활의 중심은 신전이었으며, 성직자들은 부유하고 강력했다.

이집트에 비하면 건축의 아름다움은 훨씬 떨어졌으며, 거리는 좁고, 건물들은 색깔이 있는 점토로 만든 볼썽사나운 벽돌로 지어졌다. 황동이 이용되었으며, 도기는 그다지 예술적이지 않았다. 전설적인 창설자인 함무라비(Hammurabi)가 만든 운하가 많았다.

함무라비는 여자들과 가난한 사람들을 특별히 보호하면서

백성들에게 현명한 법을 남긴 인물로 유명하다. 이 법들을 비롯한 다양한 글들은 벽돌에 새겨진 상태로 발견되었다. 이 벽돌들이 곧 책이었다. 예리한 도구가 벽돌의 부드러운 점토 위에 글자를 긁는 데 쓰였을 것이며, 그런 식으로 글자를 새긴 벽돌은 햇빛에 단단하게 말려서 글을 보존했다. 이런 책들이 수천 점 발굴되었으며, 네부카드네자르는 궁전에 그것들로 가득한 서재를 하나 두고 있었다.

바빌론 사람들은 평화를 사랑하는 사람이었으며, 정복자의 군대가 나타나면 쉽게 달아났지만 곧 다시 돌아와서 고향을 재건했다. 이 시기에 거주자가 700만 명 정도 되었으며, 도시는 300피트 높이의 벽으로 둘러싸여 있었고, 벽은 꼭대기에서 4필의 말이 옆으로 나란히 팀을 이뤄 달릴 수 있을 만큼 두꺼웠다. 이 벽은 길이가 50마일이었으며, 문이 100개나 되었고, 사랑과 전쟁의 여신 이슈타르에게 봉헌된 가장 아름다운 건축물이었다. 이 문은 청동과 금으로 만들고 에나멜로 무늬를 넣은 탑을 6개나 갖고 있었다.

왕의 궁전에서 마르두크 신전까지, 멋진 대로가 이어졌다. 대로 양 옆에는 금속과 에나멜로 모양을 낸 거대한 수소상과 사자상이 줄지어 서 있었다. 이 조각들은 지금 브리티시 박물관에서 볼 수 있다. 사자와 수소는 황도대의 별자리들 중 2개이며, 지금 사자자리와 황소자리로 불리는 별자리를 상징한다. 고대의 모든 종교는 이 별자리들을 대단히 소중하게 여겼다.

바빌론은 이집트뿐만 아니라 페니키아인의 도시인 티로스와도 교역을 했다. 해안에 위치한 티로스의 사람들은 유럽과 아프리카 해안 지역, 멀리 영국 제도(諸島)의 해안 지역까지 뻗어나가면서 무역 활동을 벌였다. 티로스의 영광에 대해선 성경에서 유대인 예언자 에제키엘이 멋지게 묘사하고 있다. 이 대목을 읽으면 당시에 티로스와 티로스의 식민지들뿐만 아니라 바빌론과 이집트에 살았던 사람들의 모습까지 그려진다. 에제키엘은 바빌론의 네부카드네자르가 티로스를 상대로 위대한 승리를 거둘 것이라고 예언하고 있다.

> "너 사람의 아들아, 티로스를 위하여 애가를 불러라.
> 바다 어귀에 자리 잡은 성읍, 수많은 섬으로 다니며 여러
> 민족과 장사하는 상인 티로스에게 말하여라.
> 주 하느님이 이렇게 말한다.
> 티로스야, 너는 '나는 더없이 아름다워.' 하고 말하였다.
> 너의 경계선들은 바다 한가운데에 있고

조선공들은 너를 더없이 아름답게 지었다.

너의 바깥 판들은 모두 스니르의 방백나무로 짜고 레바논의 향백나무를 가져다가 네 위에 올린 돛대를 만들었다.

바산의 참나무로 노를 만들고 키팀 섬에서 젓나무를 가져다가 상아를 박으며 갑판을 깔았다.

너의 돛은 이집트에서 가져온 수놓은 아마포로 그것이 너의 깃발이 되기로 하였고 차일은 엘리아 섬에서 온 자주와 자홍색 천으로 만들어졌다.

시돈과 아르와 주민들이 너의 노를 저었고,

티로스야, 너에게는 기술자들이 있어 그들이 너의 키잡이였다."[14]

* * *

"그들은 은과 쇠와 주석과 납을 주고 네 상품들을 가져갔다. 야와, 투발, 메섹도 너와 장사를 하여, 노예와 구리 연장을 주고 네 물품들을 가져갔고, 벳 토르가마에서는 말과 군마와 노새를 주고 네 상품들을 가져갔다.

....
14 '에제키엘서' 27장 1-8절. 주교회의 성서위원회에서 편찬한 '성경' 참고.

드단 사람들도 너와 장사를 했고, 또한 많은 섬이 너의 중개상으로 일하면서, 그 대가로 너에게 상아와 흑단을 지불하였다.

너에게는 온갖 제품이 많아서 아람도 너와 무역을 하여, 석류석, 자홍 천, 수놓은 천, 아마포, 산호, 홍옥을 주고 네 상품들을 가져갔다.

유다와 이스라엘 땅도 너와 장사를 하여, 민닛 밀, 기장, 꿀. 기름, 유향을 주고 네 물품들을 가져갔다. 너에게는 제품도 많고 온갖 재물이 많아, 다마스쿠스도 헬본 포도주와 차하르의 양털을 가져와 너와 무역을 하고, 단과 야완 머우잘도 너와 상품을 교환하였는데, 그들이 네 물품 값으로 가져온 것은 망치로 두드린 쇠, 계피, 향초였다.

드단은 말 탈 때 안장에 까는 천을 가져와 너와 장사를 했다.

아라비아와 케다르의 제후들도 너의 중개상으로서, 새끼 양과 숫양과 숫염소를 가져와 너와 무역을 하였다.

스바와 라마 상인들도 너와 장사를 하여, 온갖 최고급 향료와 보석과 금을 주고 너의 상품을 가져갔다."[15]

....
15   '에제키엘서' 27장 12-22절.

* * *

"그들은 화려한 의복, 수놓은 자주색 옷, 여러 색으로 짠
융단, 단단히 꼰 밧줄을 너의 시장으로 가져와서 너와 장
사를 하였다.
그리고 타르시스의 배들이 너의 물품들을 싣고 항해하였
다."[16]

이것이 그 예언가가 당시에 세계 제국을 이루고 있던 바빌론
의 보다 강한 권력에 굴욕 당할 운명에 처했던 부유한 티로스
를 묘사한 내용이었다. 그러나 예레미아라는 또 다른 유대인 예
언가는 거의 동시대에 바빌론의 사악함을 비난하면서 바빌론
의 파멸을 예고하고 있다.

"바빌론은 주님의 손에 들린 금잔, 온 세상을 취하게 하였
다. 민족들이 거기 담긴 포도주를 마셨기에 미쳐 버렸다.
바빌론이 갑자기 쓰러지고 무너졌다. 그를 두고 통곡하여
라. 그의 상처에 유향을 발라 보아라. 어쩌다 나을지도 모

....
16 '에제키엘서' 27장 24-25절.

172

른다."[17]

* * *

"화살촉을 갈고 방패를 잡아라. 주님께서는 바빌론을 파
괴할 계획을 세우셨기에, 메디아 왕들의 마음을 깨우셨
다. 이것이 정녕 주님의 복수, 당신 성전을 위한 복수다."[18]

성경의 다른 부분에서 네부카드네자르의 광기와 그의 아들
의 운명적인 연회에 관한 이야기가 나온다. 이 연회에서 어떤
손의 손가락들이 나타나 벽에다가 왕국이 바로 그날 그의 손에
서 탈취될 것이라고 썼다. 실제로 바빌론에 대한 기습 공격이
일어났고, 제국은 메디아 사람 다리우스(Darius)와 페르시아
사람 키루스(Cyrus)에게로 넘어갔다.

메디아 사람과 페르시아 사람들은 더 엄격하고 더 도덕적인
사람들이었으나 유목민의 습관에서 오랫동안 빠져나오지 않은
탓에 문명 수준은 떨어졌다. 그래서 그들은 때가 되어 그리스인
들에게 문명의 횃불을 넘겨줄 운명을 타고 났다.

....
17 '예레미아서' 51장 7-8절.
18 '예레미아서' 51장 11절.

16장

존엄과 무례

우주적 관점에서 보면, 문명들의 혼합은 바라는 결과를 끌어내기 위해 이뤄지며, 그 혼합은 요리법과 많이 닮았다. 음식을 만들 다양한 재료들이 별도로 준비된다. 이때도 각각의 재료가 바라는 상태에 이를 때까지 서서히 끓도록 조심스럽게 다루며 인내심 있게 내버려둔다. 그런 다음에 추가적인 맛이 필요한 접시에 더해진다.

이를테면, 이집트의 시대에 사건들은 무척 드물었으며, 서서히 일어났다. 그래서 문명이 평화롭게 퍼져나갔고, 많은 것들이 점진적으로 발달했다. 이어 이집트 문명에 바빌론 문명이 일종의 양념으로 더해졌다. 바빌론 문명은 히타이트인과 스키타이인들의 일부 감각뿐만 아니라 초기의 많은 요소들이 가미된 상태였다.

그 다음에 메디아인들과 페르시아인들이 왔다. 이들로 인해 접시에 변화가 일어났다. 어떤 화학적 변화가 그 혼합을 대체한 것 같으며, 그리하여 새롭고 동질적인 무엇인가가 창조되었다. 이전에 거기에 없던 것이었다.

다리우스의 제국은 매우 부유하고 장엄했으며, 마치 수도를 여럿 가지고 있었던 것처럼 똑같이 웅장한 궁전을 수사와 페르세폴리스와 테베에 두었다. 메디아인들은 등산가들이었고, 같은 혈족이었던 페르시아인들은 스키타이인과 히타이트인처럼 유목민이었으며 위대한 지도자들의 통치 아래에 갑자기 강한 힘을 키우고 승리의 전리품을 챙겼다.

페르시아인들은 진리에 대한 사랑이 대단했으며, 법을 특별히 존경했다. 그래서 메디아인과 페르시아인의 법은 위반할 수 없다는 사실이 널리 알려지게 되었다. 키루스는 바빌론뿐만 아니라 이집트까지 정복했으며 그보다 약한 나라들을 모두 지배하게 되었다. 다리우스는 자신의 이름으로 통치하며 정의를 실현할 총독들을 지명하면서 제국을 더욱 공고히 다졌다. 그는 인도와 그리스를 연결하는 훌륭한 길들을 닦았다.

다리우스는 대단히 관대한 사람이었다. 그는 바빌론에 감금되어 있다가 발견된 유대인들을 예루살렘으로 돌아가 네부카드네자르가 파괴한 신전을 다시 건설하도록 자유의 몸으로 풀어주었다.

페르세폴리스에 있던 왕의 침대는 너무나 아름다웠다. 침대 지붕은 덩굴 식물 같은 공예품으로 덮였으며, 덩굴 식물의 잎과 열매는 금을 깎아 만들었다. 그는 호위병으로 1만 명을 거느렸으며, 카스피해와 흑해 사이의 산지에 살며 힘과 포악성을 떨치고 있던 스키타이인들을 상대로 원정을 벌였다.

다리우스는 이 거인들에 관한 이야기를, 말하자면 스키타이인은 눈이 하나뿐이고 염소의 발을 갖고 있어서 산을 잘 오른다는 소문을 믿지 않았다. 그는 그들의 나라를 침공해 그곳을 4년 동안 차지했다. 그래서 스키타이인들은 북쪽과 서쪽의 스텝지역으로 이주했다.

왕 중의 왕 다리우스의 위대한 업적을 기리는 내용의 글이 다양한 지역에 걸쳐 바위에 새겨졌다. 롤린슨도 1828년에 인도로 여행하던 길에 산악지대에서 1,000m 높이의 암봉에서 그런 글을 발견했다. 이 막강한 다리우스의 제국마저도 곧 붕괴되었다.

이유는 다리우스 자신이 속한 용감한 메디아인들과 페르시아인들이 힘을 합해 거대한 제국을 단결시키기에는 역부족이었던 탓에 제국의 방어를 대단히 이질적인 사람들의 집단에 의존해야 했기 때문이다.

왕 중의 왕 다리우스가 전 세계에 즉각 복종할 것을 지시하면서 칙령을 내려 보냈는데, 어느 날 그의 귀에 이상한 사건에 관한 소문이 들렸다. 어느 그리스 섬의 작은 마을이 그의 지배에 반기를 들며 반란을 일으켰고, 아테네 사람이라 불리는 사람들의 지원을 받았다는 것이었다. 에게 해의 다른 쪽에서 살고 있던 벌레 같은 것들이!

그 사람들이 그렇게 과감하다는 것이 믿기지 않았으며, 막강한 다리우스는 그것을 진지하게 받아들이지 않은 채 단지 알랑쇠들에게 아테네라는 이름을 자주 거론하며 오만한 도시를 가만 내버려 둬서는 안 된다는 사실을 상기시켜 달라고만 했다. 그보다 더 중요한 일들을 처리하고 난 뒤에 그 도시를 혼낼 생각이었다.

그 섬들의 그리스인들은 누구였으며, 자신들의 문제도 아닌 일로 과감하게도 왕의 분노를 무릅썼던 무모한 아테네인들은 누구였던가?

그리스인들에 관한 초기의 설명은 두 편의 대서사시, 즉 '일리아드'(The Iliad)와 '오디세우스'(The Odyssey)에 나온다. 두 작품 모두 앞을 못 보던 시인 호메로스(Homer)의 작품으로 여겨진다.

'일리아드'는 그리스 군주들의 연맹과 트로이 왕이 오랫동안 치른 전쟁에 관한 이야기를 들려주고 있다. 트로이왕의 아들이 그리스 지도자의 아름다운 아내 헬레네를 훔친 것이 발단이었다. 그리스인과 트로이인들은 민족적으로 서로 가까웠으며, 카프카스 산맥에서 온 두 민족은 헬레스폰투스[19]의 서로 다른 쪽에 정착했다.

트로이(또는 일리움)가 더 오래된 나라였다. 트로이는 마침내 점령당해 파괴되었으며, 승리를 거둔 그리스인들은 고향을 향해 항해를 시작했지만, 가는 길에 많은 도전과 위험에 직면한다. 이 모험과 위험에 관한 이야기를 담고 있는 서사시가 바로 오디세우스의 방랑을 그린 '오디세우스'이다.

오디세우스는 잔꾀가 많고 교활한 인물이었으며, 그는 친구들이 승리를 거두도록 많이 도왔지만 기만으로 신들의 분노를 샀다. 그래서 그가 탄 배는 난파하고, 그는 아내에게 돌아가기

....
19 다르다넬스 해협을 가리키는 고대 그리스어 이름.

전에 많은 고통을 겪어야 했다.

오디세우스의 친구들 중에 크레타 섬의 미노스(Minos) 왕이 있었으며, 그래서 문명의 중심이었던 크레타에 관한 이야기가 많이 나온다. 크레타는 "바다의 별"이라 불렸으며, 거기서 새로운 문명이, 그러니까 이집트와 아시아의 것과 다른 문명이 서쪽으로 퍼져나갔다. 크레타 상인들은 스페인과 교역했으며, 일부 스페인 무희들은 지금도 B.C. 1500년경에 그 미로 궁전이 파괴되기 전에 미노스 시대에 크레타에서 유래한 의상을 입는다.

얼마 전에 아서 에번스(Arthur Evans) 경이 경이로운 크레타 궁전을 발굴했다. 궁전엔 가게들도 있었으며, 모두가 하나의 건물 안에 들어 있어서 정말 미로처럼 보였다. 그 흔적들을 보면, 적들이 도시를 파괴했을 때 사람들이 갑자기 떠났다는 것이 확인된다. 크레타 사람들은 기술들을 갖고 토스카나로 이주해서 훗날 토스카나의 명성에 일조를 한 것으로 알려져 있다.

트로이는 고고학자 하인리히 슐리만(Heinrich Schliemann)에 의해 발견되었으며, 그는 '일리아드'에 묘사된 것과 일치하지 않는 어떤 도시를 발굴하고는 깜짝 놀랐다. 이어서 6개나 되는 도시가 차곡차곡 묻혀 있는 것이 확인되었으며, 그들 중 하나가 호메로스가 묘사한 도시였다.

B.C. 5세기에 다리우스가 분노하게 만든 사람들은 이 그리스인들의 후손들이었다. 특히 헬라스의 도시 국가들 중 하나였던 아테네의 사람들이었다. 때가 되자, 다리우스 왕은 가장 우수한 장군 한 사람에게 토벌대를 끌고 가서 아테네와 그 우방들을 점령하고 지도자들을 페르세폴리스로 포로로 끌고 오라고 명령했다. 그러나 결과는 페르시아인의 자존심에 큰 충격이었다. 도저히 불가능한 일이 일어났던 것이다. 쥐가 코끼리를 점령한 꼴이었으니!

격노한 군주는 그 모욕을 복수하기 위해 직접 원정을 준비했지만, 그가 죽음에 따라 계획이 수포로 돌아가게 되었다. 그의 아들 크세르크세스(Xerxes)는 능력이 모자라는 사람이었다. 그러나 크세르크세스는 자기 아버지의 계획을 실행에 옮기기로 작정하고 5,000명인 아테네 병사들과 싸우기 위해 20만 명의 대군을 준비했으며, 가공할 만한 함대를 보냈다. 배들은 규모도 컸고 아름답기도 했다. 그는 자신의 병사들이 발을 물에 적시지 않고도 건널 수 있도록 헬레스폰투스 해협을 가로질러 배로 다리를 만들도록 하고, 자기 병사들이 승리를 거두는 모습을 볼 수 있도록 언덕에 옥좌를 마련하도록 했다.

아테네는 지금 절체절명의 위험에 빠져서 다른 그리스 국가들에게 아테네를 도와 공통의 모국과 자유를 구하도록 하자고 제안했다. 스파르타는 테르모필레의 좁은 통로를 지키기 위해 병력 300명을 보냈으며, 이 병사들은 페르시아 병력을 3일 동안 거기에 묶어놓았지만, 살아서 돌아간 스파르타 병사는 1명에 불과했다. 이어 페르시아 병사들은 아테네를 불태우기 위해 온 곳을 휩쓸며 전진했지만, 그것은 결실이 없는 승리였다. 아테네 지도자들이 자신들이 가진 선박들의 역량에 모든 것을 걸기 위해 도시를 포기했던 것이다. 좁다란 아테네 만에서 크기가 컸던 페르시아 선박이 불리했다. 크세르크세스는 굴욕스럽게도 자신의 장엄한 함대가 마라톤 전투에서 완전히 박살나서 무질서하게 패주하는 것을 지켜봐야 했다.

그리스인과 페르시아인 사이의 전쟁은 서로 결정적인 전과를 거두지 못한 상태에서 오랫동안 이어졌다. 이유는 그리스인들이 언제나 영웅적인 자질을 지킬 수 없었거나 위험한 시기에 일군 단결의 끈을 평화 시에 강화하지 못했기 때문이다. 그럼에도 불구하고, 생명의 횃불은 그리스인들 편이었으며, 그들의 문명은 성장했던 반면에 페르시아 문명은 쇠퇴했다. 그러다가 200년 뒤에 그리스인들이 페르시아를 침공하여 페르세폴리스를 불태워 버렸다. 이로써 문명의 횃불이 아시아에서 유럽으로 넘어가게 되었다.

그리스인들은 새로운 정치적 이상을 품었다. 자유의 이상이 그것이었다. 그들은 한 사람이 명령하고 모든 사람이 복종하는 것을 기이하게 여겼다. 법들은 일반적인 합의에 의해 만들어져야 하고, 그런 뒤에는 존경을 받아야 한다. 모든 그리스인은 자존심이 강했으며, 서로 뭉치면 무적이었다. 반면에 페르시아 군대는 폭군에 시달리던 다양한 피지배 민족들로부터 징집한 병사들로 구성되어 있었다. 그리스인들은 지능도 탁월했으며, 문학과 드라마, 그림에 대한 사랑이 대단했다. 그들은 체육 대회를 조직하면서 육체적 아름다움과 건강을 최고로 여겼다.

17장

고대 그리스인들의 정신
-유럽의 창조자

아테네 사람들은 자신들의 개인적 영광에는 거의 신경을 쓰지 않고 장엄한 건축과 도시의 품격에 부와 예술적 기술을 아낌없이 쏟으면서 도시와 신전을 다시 지었다. 지혜의 처녀 신이며 자신들의 도시의 보호자인 팔라스 아테나가 그들의 완벽한 이상이었으며, 조각가 피디아스(Phidias)는 상아와 금으로 팔라스 아테나의 완벽한 아름다움을 표현하는 조각 작품을 만들어달라는 주문을 받았다.

피디아스와 프락시텔레스(Praxiteles)와 그들의 제자들은 도시를 경이로운 조각으로 채웠다. 이 조각들은 지금도 여전히 인간 육체의 형태와 비율의 표준으로 받아들여지고 있다. 그리스인들은 육체적 아름다움을 도덕으로 여겼으며, 그들에게는 인간 정신을 건강하게 배양하는 것이 신들에게 지는 의무였다. 체육대회가 종교적 축제의 일부로 조직되었으며, 힘과 기량을 겨루는 시합에서 상으로 주어진 월계관은 마치 금으로 만들어진 것처럼 대단히 소중하게 여겨졌다.

아테네는 사상의 자유를 주도했다. 지적 분야의 지도자였던, 소크라테스라 불린 한 현자는 도시를 돌아다니면서 시민들에게 생각을 자극하는 질문들을 던졌다. 상아와 금으로 만든 조각상이 도시를 어떻게 위험으로부터 구해줄 수 있는지, 사람들이 스스로 생각하지 않고 성직자들이 하는 말을 그렇게 쉽게 믿는 이유가 무엇인지 등에 대해 의견을 물은 것이다.

어느 정도 시간이 지나자, 시 의회가 그의 행동에 조치를 취하고 나서게 되었고, 소크라테스는 젊은이들을 타락시킨 혐의로 재판에 회부되었다. 긴 재판 끝에, 그의 적들의 표결이 우세했으며, 그는 독약을 마시는 사형에 처해졌다. 그때 아주 많은 사람들이 그렇게 현명한 사람을 처형할 수 있다는 사실에 경악을 금치 못했으며, 소크라테스는 아테네를 버리고 달아나는 것이 허용될 것이라는 소리를 은밀히 들었다. 그러나 그는 아테네는 그의 목숨을 요구할 권리를 누리며, 자신은 아테네의 법을 피함으로써 그 법에 상처를 입히는 일은 하지 않을 것이라면서 달아나기를 거부했다.

그래서 그는 마지막 날을 친구들과 함께 철학적인 문제들을 논하면서 보냈으며, 간수가 흐느끼면서 가져 온 독약을 받아들고 차분히 마시면서 어디에 묻히기를 원하느냐는 물음에 유머러스하게 자기를 묻으려면 먼저 자기를 붙잡아야 할 것이라고 대답했지만, 그들은 그의 신체를 마음대로 다룰 수 있었다.

그리하여 정신의 결정적인 한 기능이 일깨워졌으며, 직접적인 지식에 대한 갈증은 위대한 철학자들 중 한 사람인 플라톤(Plato)에 의해, 그리고 지구가 하나의 구(球)라는 것을 발견한 에라토스테네스와 자연 과학 분야에서 실험하고 사색을 한 아리스토텔레스(Aristotle)에 의해 계속 이어졌다.

이들은 위대한 교육자들이었으며, 오늘날 몬테소리 교육 방법이 따르고 있는 것은 그들의 방법이다. 그들은 소수의 내면에 어떤 불꽃을 피웠으며, 이 불꽃이 많은 사람들에게 퍼져나갔다. 아테네에서 위대한 문학과 드라마가 탄생했다. 문학과 드라마는 다소 약하긴 했지만 다른 그리스 도시들에도 나타났다. 아이스킬로스(Aeschylus)와 에우리피데스(Euripides)의 희곡은 셰

익스피어 드라마의 모델이었고, 대체로 그리스 시와 문학은 고대 로마 작가들에게 모방되어 유럽 전역에 영향을 미쳤다.

위대한 한 발명가는 자신이 수영을 하다가 물에 떠받쳐지는 이유를 놓고 생각하다가 상상의 눈을 이용함으로써 수중의 무게를 재는 원리들을 발견했다. 그가 바로 그 유명한 아르키메데스(Archimedes)였다. 그는 또 거울들을 이용해서 태양 광선을 시라쿠사 해안에 있던 적대적인 로마 함대로 모아 그 배들에 불이 나게 하기도 했다. 그는 위대한 수학자였으며, 로마 군인들이 그의 방으로 쳐들어와서 죽였을 때에도 그는 삼각형을 연구하고 있었다.

마케도니아 왕국은 그리스인들로부터 반만 그리스적인 사람으로 여겨졌는데, 이 왕국은 필립포스(Philip)라 불린 왕의 통치 아래에서 강국으로 부상했다. 필립포스 왕은 옛날의 적인 페르시아 침공을 실행한다는 아이디어로 그리스의 국가들을 흥분시킴으로써 그 국가들을 자신의 지배력 아래로 묶는 데 성공했다. 그리스와 국경을 접하고 있던 페르시아의 힘은 여전히 위협적이었다. 주된 이유는 그리스인들이 아테네와 스파르타 사이의 소모전으로 스스로를 약화시켰기 때문이다. 이 소모전에 다른 그리스 국가들도 편이 갈려 개입하면서 모두가 폐허가 되는 결과를 낳았다. 그 결과가 바로 마케도니아의 세력 확장이었으며, 필립포스 왕은 스스로 순수한 그리스의 후손이라고 주장하면서 어린 아들 알렉산더가 철학자 아리스토텔레스의 지도를 받게 하는 지혜를 발휘했다.

그리스인들은 이제 필립포스의 지도 아래에 페르시아를 상대로 싸우기로 동의했다. 단 조건이 있었다. 필립포스가 그리스 지도자들로부터 각자의 도시 안에서 누리는 자유로운 시민권과 독립을 박탈하지 않는다는 것이었으며, 이에 필립포스는 흔쾌히 동의했다.

마케도니아의 필립포스는 무적의 밀집 대형을 이용하는 등 새로운 병술을 개발한 위대한 사령관이었다. 그는 기병을 새로운 방식으로 훈련시켰다. 병사와 말이 훈련에 의해서 완벽하게 결합하게 함으로써 두 배 강해지도록 만들었다.

어린 왕자 알렉산더는 겨우 열두 살 때 말들이 훈련을 받는 장면을 본 적이 있었다. 그때 그는 포악한 어느 말이 사람을 등에 태우지 않으려고 버티는 것을 보고 훈련사들을 향해 조롱 섞인 웃음을 터뜨렸다. 훈련사들은 어린 아이의 모욕에 마음이 크게 상했으며, 필립포스 왕은 원기 왕성한 말을 훈련시키는 일은 시간이 많이 걸린다는 말로 아들을 꾸짖었다. 그러나 왕자는 자기는 당장 훈련시킬 수 있다고 대꾸했다. 그러자 왕은 아들의 자만심을 고치려는 마음에서 훈련사들에게 아이에게 그렇게 해 보도록 하라고 일렀다.

모두가 겁에 질려 있는데도, 왕은 "그가 가르침을 얻도록 그 냥 둬."라고 말했다. 그러나 알렉산더는 야생마에게 다가가서 고삐를 잡고 반대 방향으로 말의 머리를 홱 잡아당겼다. 당장 말이 차분해지면서 소년이 등에 올라타도록 했다. 모두가 그것이 신기하다고 생각했지만, 소년은 말이 단순히 말 자신의 그림자에 놀랐으며, 그래서 기수가 접근할 때 뒷발로 일어섰으며 바로 그때 자신이 말의 머리를 잡아당겼다고 설명했다. 알렉산더의 어머니는 아들에게 그리스 신들의 두목인 제우스의 아들이라고 가르쳤으며, 이것이 알렉산더의 영혼을 크게 고양시켰다.

필립포스 왕은 페르시아를 침공하는 계획을 완성하기 전에 나이 마흔에 살해당했으며, 따라서 알렉산더가 왕위와 함께 그 준비 상황까지 물려받았다. 알렉산더는 다른 나라들을 정복하고 세계의 지식을 습득하려는 열성으로 넘쳤다. 그는 원정길에 다양한 분야의 과학자들과 전문가들을 데리고 갔으며, 지도를 만들기 위해 엔지니어도 데리고 갔다. 지적 충전을 위해서 시와 드라마, 역사 관련 책을 갖고 가는 것도 잊지 않았다.

그는 자기 군대의 지휘관들과 함께 모닥불 가에 둘러 앉아 식물학과 동물학을 놓고 논했으며, 새로 본 것이 있으면 그에 대해 묘사하는 편지와 견본을 지속적으로 아리스토텔레스에게 보내곤 했다. 아테네의 테오프라스토스(Theophrastus)는 알렉산더가 그런 식으로 공급한 자료를 바탕으로 식물과 동물의 역사를 썼다.

알렉산더의 군인들은 그를 초인간으로 여겼으며, 그는 가는 곳마다 승리를 거두었다. 알렉산더가 티로스를 점령한 뒤에, 페르시아 왕은 제국의 반을 제시함으로써 알렉산더를 매수하려 들었다. 그때 파르메니우스(Parmenius) 장군은 알렉산더에게 그 제안을 받아들일 것을 권했지만, 그의 대답은 이랬다. "내가 파르메니우스라면 받아들이겠지만, 나는 알렉산더야!" 이집트에서 그는 아문 라의 아들로 환영을 받았다. 그는 자기와 맞서 싸우러 보내진 페르시아 군대를 완전히 패주시키고 페르세폴리스를 불태웠지만, 왕실 포로들에게 호의를 베풀었으며 인도까지 진군을 성공적으로 이어갔다. 인도에서 그는 코끼리와 낙타를 묘사한 내용을 그리스로 보냈다.

이제 그의 병사들은 여행에 지친 나머지 고향으로 보내줄 것을 요구하기에 이르렀다. 처음으로 병사들이 그의 지휘를 받으려 들지 않았다. 그는 병사들에게 격노했지만, 그들의 요구를 받아들이고 돌아가야 했다. 그래도 그는 고향으로 돌아가는 길에도 더 많은 탐험을 하길 원했다. 페르시아 만이 호수인지 아니면 대양의 일부인지를 알고 싶어 했던 것이다. 그래서 그는 배들은 해안을 따라 항해하도록 하고, 그는 병사들 일부와 육지로 진군했다. 그 길에 그는 열병에 걸려 사망했다. 사막을 여행하는 것이 매우 힘들었기 때문이다. 갈증에 목이 탈 때, 그는 병사들만큼 잘 견뎌내지 못했을 것이다.

그래서 알렉산더 대왕의 제국은 쪼개졌다. 먼 곳의 속주를 관리하기 위해 파견된 장군들 일부는 곧 독립하게 되었다. 알렉산더는 세상의 얼굴을 바꿔놓았고, 이것은 역사상 처음 있었던 체계적인 탐험 원정이었다. 이에 필적할 만한 것은 두 번째 체계적인 원정, 그러니까 250년 후에 고대 로마의 율리우스 카이사르(Julius Caesar)가 꾀했던 원정뿐이다.

로마인들은 그리스인들과 마찬가지로 어떤 기원을 주장했으며, 그리스인의 정신이 고무하며 창조한 세계 문명을 공고하게 다지는 것이 그들의 과제가 되었다.

18장

인간은 어디로 향하는가

자연의 모든 건설에서 방법의 통일성이 있다는 것이 드러났다. 자연은 어떤 계획을 따르고 있는 것이 분명하며, 그 계획은 행성에게나 원자에게나 똑같이 적용된다. 발생학자 차일드(Charles Manning Child)가 '생리학적 기울기'(Physiological Gradients)라고 부르는 발열 활성이 일어나는 지점들이 한꺼번에 똑같은 강도로 시작하는 것이 아니라 각자의 속도에 따라 독립적인 경로를 따른다는 점을 보여준 것은 1924년의 일이었다. 단위로부터 시작하자면, 세포들은 다른 모든 것들과 아주 똑같지만, 활동을 통해서 서로 달리 성장하고 어떤 신체기관의 형성에 특화되었다. 마지막으로 그 기관을 다른 기관들과 연결시킬 순환 및 신경계가 왔으며, 이 다른 기관들도 마찬가지로 독립적으로 창조되어 다른 기능을 수행하도록 되어 있다.

자연의 계획의 기본적인 원리들은 다음과 같은 것으로 확인되고 있다.

1. 신체기관들은 몇 단계의 발달을 거치는 동안에 자유와
독립을 누린다.
2. 발달은 세포들의 특화를 통해 이뤄진다.
3. 신체기관들의 통합은 피의 순환계에 의해 성취된다.
4. 지령 전달은 신경계에 의해 확립된다.

피도 세포들로 이뤄져 있지만, 피의 물질은 외부 환경으로 받은 물질뿐만 아니라 장기 세포들이 피 속으로 흘려보낸 폐기물로 이뤄져 있다. 호르몬은 내분비선에 의해 생산되어 혈관 속으로 보내진다. 호르몬은 신체기관의 형성과 성장을 자극하는 데 필요하며, 호르몬이 충분하지 않을 때 신체기관의 형성과 성장이 늦어진다. 한 종류의 호르몬은 갑상선에 의해 만들어지고, 다른 종류의 호르몬은 간에 의해 만들어진다.

적혈구라 불리는 혈액 세포들은 짐을 나르는 동물들이나 마찬가지이며, 공기로부터 산소를, 음식물로부터 영양소를 챙겨서 필요로 하는 모든 부위로 실어 나른다. 이런 것이 저급한 육체적 필요를 충족시키는 메커니즘이다.

그러나 이어서 고급한 필요를, 말하자면 삶에서 행동을 준비시키는 것을 고려해야 한다. 이런 필요를 충족시키기 위해, 세포들은 스스로를 수동적인 기능으로 바꾸면서 완전한 자기부정을 이룬다. 보다 고차원적인 단계에 이르면, 일에 대한 적응이 일어날 뿐만 아니라, 너무나 맹렬한 힘이 발동하면서 그 외의 다른 것은 전혀 중요하지 않게 되고, 그리하여 전문화가 성취된다.

마지막으로 신경계의 통제는 감수성과 생기를 준다. 뇌에서 나오는 무수한 미세 섬유들은 정신과 모든 것을 연결시킨다. 하나의 유기체는 신체 장기들의 결합에 지나지 않는다. 신경 세포들은 세부적인 것에 특화하고 있으며, 사람은 신경 세포들 중 하나가 전분을 설탕으로 바꾸거나 미생물과 싸우는 일을 맡았다는 것을 자각하지 못한다. 신경 세포들은 밀폐된 상자 같은 두개골 안에 스스로를 가두며, 신경 세포들이 지배적인 집단 안에서 자리를 얻는 것은 투표에 의해 결정되는 것이 아니다. 태아는 우리의 사회적 메커니즘, 말하자면 어느 한 집단이 동의를 받지 않은 상태에서 단순히 권력으로 다른 집단에 대한 지배권을 주장하는 그런 메커니즘이 부조리하다는 점을 우리에게 가르칠 수 있다. 자연은 삶의 선생이다. 그러니 자연의 길들을 따르도록 하자!

인류 문명의 역사를 간단히 돌아본 것은 인류도 아직 태어나고 있는 중인 하나의 유기적 통일체이기 때문에 거기에도 똑같은 기본적인 설계가 작동하고 있다는 점을 보여주기 위해서였다. 문명의 다양한 중심들은 신체 기관처럼 고립된 상태에서 강해지도록 보살핌을 받은 다음에 다른 문명을 접하게 되었으며, 이런 접촉을 통해서 문명들은 보다 큰 조직으로 통합되거나, 적응력이 너무나 떨어지는 까닭에 생존할 수 없는 상태라면 파괴되기 전에 약탈자들을 강화할 가치 있는 것들을 내놓게 된다. 잔인성과 착취, 전쟁, 그리고 온갖 형태의 폭력도 나름의 역할을 해야 했다. 이유는 인간들이 어떤 우주적인 운명을 성취하는 일에서 아직 공통의 인간성과 그 인간성의 작동을 실현시키지 못하고 있기 때문이다.

세계를 뒤흔들고 있는 힘들 때문에 지금 인류 통일의 실현이 가장 시급한 과제로 떠오르고 있다. 다른 민족 집단이나 국가들은 노예나 야만 상태로 남겨두고 일부 민족이나 국가들만 문명화될 수 있는 시대는 이제 지나갔다. 이런 케케묵은 사상들을 고집하는 경우에 더 많은 전쟁과 자기파괴가 불가피해진다.

선생이 아니고 누가 사상의 일반적인 변화를 끌어낼 수 있겠는가? 그런데 독재자나 선교사로서의 선생이 아니라, 커가는 세대의 중요한 지도자로서의 선생이 필요하다.

현대의 선생은 반드시 생물학과 성장하는 아이뿐만 아니라 어른의 심리학을 열정적으로 공부하는 학생이어야 한다. "학교"는 한 사람이 다수를 가르치는 지시의 장소가 아닌 다른 무엇인가를 의미해야 한다. 지시의 장소는 양쪽 모두에게 고통을 안기고, 노력에 비해 성공을 거의 거두지 못한다.

학교 출석이 어디서나 의무가 되고 있으며, 교육 전선에 징병제도 같은 것이 행해지고 있다. 국가가 급박한 위험 상황에 처했을 때 발하는 소집 명령과 비교할 만한 동원이 교육 분야에서도 이뤄지고 있는 것이다. 그러나 이것은 국가적인 동원이 아니고 그보다 훨씬 더 장대한 우주적 동원이 되어야 한다. 죽음이 아니라 생명을 위한 동원 말이다.

오늘날 선생들에게 엄청난 권력이 부여되고 있으며, 선생들은 그 권력을 피할 수 없다. 육체적 건강이 가장 먼저 고려되어야 하기 때문에, 선생들이 자신의 성스러운 책임을 완수하려면 그런 측면에서 어떤 개혁이 필요한지를 보는 것도 유익한 일일 것이다.

학교에서 모든 아이의 성장을 관찰한 내용을 기록으로 남길 필요가 있다. 정상에서 벗어난 것이면 무엇이든 기록해야 한다. 성장은 단순히 신체의 크기에 일어나는 조화로운 증대가 아니라 하나의 변화이다. 인간은 자기 자신의 조각가이다. 자신의 내면에 있는 어떤 신비한 힘에 자극 받아 어떤 이상형을 성취하는 것이 인간인 것이다. 성장은 생명의 어떤 박동이 주는, 완전을 추구하려는 노력으로 정의될 수 있다.

문명이 아름다운 아이들을 낳는 것은 근본적이다. 오래된 격언은 "아름다움은 살갗만큼 얕을 뿐이다."라고 말하고, 거울을 보는 것이 허영심을 낳을 수 있다는 이유로 아이들에겐 거울을 보지 말라고 가르쳤다. 그러나 우리는 학교란 곳은 아이들이 아름다움을 가꾸도록 돕는 기관이어야 한다고 주장한다. 왜냐하면 아름다움이 생명의 건강한 조건을 암시하기 때문이다.

훌륭한 조건은 형태의 아름다움을 낳고, 그런 조화를 성취하는 것이 몬테소리 교육 방법의 일부다. 우리는 아름다움을 두 가지 관점에서 고려한다. 한 가지 관점은 유전의 관점이고, 두 번째 관점은 환경을 통해 생겨나는 것으로 본다.

생후 1년 안에 아이들의 사망률이 비정상적일 만큼 높다. 그건 신의 의지가 아니라, 무지와 불완전한 사회적 조건 때문이다. 사망률은 6세까지 점점 떨어지다가, 6세부터 12세까지 정상을 찾고 유지된다. 그런 비정상적인 초기의 사망은 부자연스런 죽음인 살인이다. 거기에 대해 우리는 스스로 범인이라는 점을 인정하면서 각자 책임을 져야 한다. 12세가 지나면, 사망률은 다시 올라간다. 그 추세가 18세까지 이어진다. 이 연령대는 큰 변화를 수반하는 또 다른 위험한 시기이다. 생명은 18세가 지난 후에야 안전해진다.

24세부터 36세 사이의 혈기 왕성한 어른을 보라. 죽음의 희생보다는 생명의 번식에 더 적절하지 않은가! 생식의 시기는 실제로 18세부터 42세까지이지만, 부모의 연령이 이 한계 연령과 가까울수록 더 오래 살고 명성을 누릴 강한 아이가 태어날 확률이 높아진다. 너무 어리거나 늙은 부모에게서 태어난 아이들은 종종 어떤 면에서든 비정상이다. 그 아이들이 건강하고 행복한 아이보다는 약하거나 부도덕한 아이로 자랄 가능성이 크다는 뜻이다.

이 통계들은 사망률에 관심을 두고 있으며, 학교는 죽는 자와는 전혀 아무런 관계가 없다고 말할 수도 있다. 그러나 모든 죽음은 보다 사소한 사건들이 이어지는 가운데 일어나는 하나의 재앙일 뿐이다. 병이 언제나 죽음을 부르는 것은 아니며, 6세 이하 어린이들의 높은 사망률은 병에 걸리는 아이들의 숫자가 엄청나다는 것을 암시할 수 있다.

어린이 사망이 1명이라면 아마 병에 걸려 있는 아이는 적어도 100명은 될 것이다. 이 아이들 중 일부는 병에 압도당한 상태일 것이다. 사람이 병에 걸리는 것은 신체 장기들의 저항이 압도당하는 때이며, 어느 한 사람이 압도당한 상태라면, 다른 많은 사람들이 압도당하려는 상태에 있을 것이다.

따라서 우리 학교의 아이들 중에서 6세 이하 어린이, 그리고 다시 12세에서 18세 사이의 청소년들 중에서 다수가 약하거나 병에 걸리기 쉬운 상태에 있다. 이것은 교육자들이 꼭 알고 있어야 하는 사실이다.

사춘기 동안에 아이들에게 힘든 노력과 나무랄 데 없는 진전을 기대하는 것은 잘못이다. 이 시기에 지체를 보이는 아이들에게 관대한 마음을 가져야 한다. 인간의 삶은 하나의 현(絃)처럼 그 길이 전체가 하나이다. 어느 한 부분을 건드리면, 전체 길이가 진동한다. 그래서 어린 시절에 사소해 보였던 어떤 사건이 성인의 삶에까지 깊은 영향을 미칠 수 있다. 그리고 이런 약해진 시기에 미래에 불행하게 작용할 일들이 일어나기 쉽다. 그렇기 때문에 선생들이 인류를 위해 져야 하는 책임은 막중하다.

교육 인류학은 최근에 유럽과 미국에서 큰 발전을 이뤘다. 이탈리아에서 죄수들을 대상으로 연구를 실시했다. 그 결과, 죄수들이 육체적 기형을 대체로 갖고 있는 것으로 확인되었다. 그렇다면 추한 인간이 범죄자란 말인가?

살인자나 도둑은 출생할 때에 다른 아이들과 거의 다르지 않지만, 삶의 조건이 그들이 법에 스스로를 적응하지 못하게 만드는 그런 조건이었다. 사회적 조건이 육체와 정신에 작용하고, 그러면 그 개인은 비정상적이게 된다.

범죄자는 대체로 사회의 오류를 반영하고 있다. 범인으로 태어나는 사람은 극히 드물다. 그렇기 때문에 우리가 이해하고 노력하기만 하면, 세상에서 범죄를 지우는 것은 결코 어려운 일이 아니다. 육체적 형태는 범죄자를 낳고 있는 전체 상황을 상징적으로 나타내고 있다.

광인들 사이에 기형이 많이 발견된다. 오늘날 광인은 수백 만명에 이르며, 그 숫자는 점점 증가하고 있지만, 유전이 아닌 것으로 입증되었다. 그렇기 때문에 아이를 과학적으로 연구하고 적절히 보살피기만 하면, 광인의 숫자는 줄어들 것이다.

결핵은 끔찍한 저주다. 구루병도 마찬가지다. 심장 질환과 많은 육체적 기형들은 한때 유전인 것으로 잘못 알려졌다. 결핵 환자의 가슴은 비정상적으로 좁으며, 그런 결함은 어린 시절에 운동을 적절히 했다면 치료되었을 것이다.

세균학의 연구는 전염병을 줄였으며, 아이들을 과학적으로 돌보는 것이 사회적 예방으로 여겨져야 할 때가 되었다. 이런 사회적 예방이 없으면 사물들을 도덕적 관점에서 판단하는 것은 공허하기 짝이 없다. 어떤 육체적 기형은 부유한 사람과 가난한 사람을 가리지 않고 모든 계층에 나타나는 것으로 확인되었다. 그런데 이상하게도 학교가 그런 기형이 나타나게 된 책임을 뒤집어쓰다니!

그러나 채택된 치료 방법이 질병 자체보다 더 나쁜 경우가 가끔 있다. 그것은 아이가 대부분의 시간을 책상에 앉아서 등을 굽힌 채 지내도록 해 놓고는 쉬는 시간에 아이의 다리에 무거운 것을 달아서 등을 펴려고 드는 것이나 다를 바가 없다. 마찬가지로, 지난 세기(19세기) 말에, 조명이 나쁜 방에 앉아 있는 것이 아이들에게 나쁘다는 것이 확인되었다. 근시를 낳았던 것이다. 그런데 그에 대한 치료가 8세 아이에게 안경을 끼게 하는 것이라니!

아이의 역사가 어떻게 지금까지 이렇게 끔찍할 수가! 우리는 오늘날 이런 치료 방법을 비웃을 수 있지만, 적어도 사람들이 창문을 열고 신선한 공기를 받아들이기 시작했다. 그리고 척추 측만증을 치료하는 방법이 한 시간 공부한 뒤에 척추를 펴주는 휴식 시간인 것으로 여겨졌기 때문에, 공부를 멈추는 휴식 시간을 자주 갖는다는 원칙이 확립되었다. 그럼에도 어린이들이 행복한 교육이라는 인식이 아직 정착되지 않았기 때문에, 여전히 많은 아이들이 문명에 희생되어야 했다.

사람들이 할 수 있는 최선의 방법은 타협하는 것이었다. 교과목에서 문법과 기하학, 대수를 제거함으로써 가르치는 시간을 최대한 줄이고, 실외에서 노는 것을 의무화하고, 취학 연령을 늦추었던 것이다. 그러나 자유 시간을 아무리 늘리고, 아이들에게 공부보다는 놀라고 강요한다 하더라도, 정말 이상하게도 아이들은 이런 개혁에도 불구하고 정신적으로 피곤해 했다.

몬테소리 학교들은 아이에겐 정신적으로 준비해 온 일의 사이클이 필요하다는 것을 입증했다. 관심을 갖고 하는 지적인 일은 아이를 피곤하게 만들지 않으며, 아이가 놀이를 하라는 선생의 요구 때문에 자신의 뜻과 상관없이 일을 손에서 놓아야 하는 불행은 일어나지 않아야 한다. 관심은 즉시적으로 생겨나는 것이 아니다. 만약 관심이 일어났는데 일 자체에서 손을 떼야 한다면, 그것은 어떤 음식 앞에서 막 군침이 돌려고 하는데 음식을 치워버리는 것과 다를 바가 하나도 없다.

오랜 실험을 통해서, 우리는 지금 오류를 많이 제거할 수 있게 되었으며, 아이들에게 건강하고 행복한 교육의 문을 열어줄 수 있는 열쇠를 갖게 되었다. 인류의 미래는 우리의 용기와 그 용기를 끈기 있게 발휘하는 우리의 인내에 달려 있다.

19장

결론

개인이 걷는 삶의 길 양 옆에 위험한 것들이 이렇게나 많이
도사리고 있다니! 인생은 그야말로 전쟁터다. 사람은 그 전쟁
터를 빠져나올 것이지만, 그가 삶의 평화로운 단계로 들어가서
의기양양한 어른이 될 때까지 잘못하다가는 고통으로 불구가
되거나 상처를 입을 수 있다.

성인의 단계에 이르면, 그 사람은 사회의 보호를 받게 되며,
사회가 예전의 보호자 역할을 대신하며 그에게 생계 수단과 짝
을 제공한다. 이제 그들은 삶의 길을 밟으면서 미지의 운명을
향해 올라가며, 그들은 하강하기 전에 사랑의 결실을 뒤에 남길

것이다. 그들은 쇠퇴하는 길에 서로 떨어지고, 내려가는 길은 언제나 고독하다. 사람들은 그렇게 망각의 강으로 흘러간다.

사회는 사람들이 저마다 행위의 기념물들을 건설하는 상승의 시기를 중요하게 여기며, 모든 보상은 승리하고 성공하는 사람들에게 돌아간다. 프랑스 혁명을 비롯해 여러 혁명이 있었음에도 불구하고, 사회의 보살핌과 관심의 대상은 언제나 특권층이다. 빈곤한 계층은 아직까지 적절히 고려되지 않고 있으며, 사회에는 언제나 완전히 무시당하는 계급이 있어 왔다. 심지어 부자들 사이에도 그렇게 무시당하는 층이 있다. 유치하기 짝이 없지 않은가!

모든 사회 문제는 어른들과 그들의 필요라는 관점에서만, 즉 주택과 실업, 임금, 참정권 같은 것들을 기준으로 해서만 고려되고 있다. 그런 것들보다 훨씬 더 중요한 것이 아이의 필요이다. 아이에게 지금까지 개발되지 않은 채 남아 있는 힘들이 있다. 아이에게 의식주를 보장해주는 것으로는 절대로 충분하지 않다. 아이의 정신적 욕구를 충족시키는 데 인류의 진보가 걸려 있기 때문이다. 보다 강하고 보다 훌륭한 인류를 창조하는 일 말이다.

그러므로 아이와 어른의 사회 문제들은 결합되어 있지만 따로 고려될 수 있으며, 학교는 특별히 아이에 대해 책임을 진다. 어린이들이 삶을 위한 위대한 군대를 조직하기 위해 예외 없이 학교로 소집되고 있다. 발달한 어떤 인류의 잠재력들이 모든 사회 문제들의 뿌리를 이뤄야 하지만, 어른은 절대로 개혁되지 않는다. 어른을 대상으로 한 실험은 거듭 실패하고 있다. 새로운 인간의 가능성들을 끌어내기 위해 어떤 주형틀에 집어넣기에, 어른은 대단히 거북한 존재이다.

우리는 약간의 사회적 자비를 근거로 높은 수준의 인류애에 도달했다는 식으로 스스로를 기만해서는 안 된다. 그러나 그런 형편없는 사회적 자비마저도 어른들에게만 주어지고 있다. 일부 어른들에게는 음식이 주어지고, 또 다른 어른들에게는 실업수당이 주어지고, 또 다른 어른들에게는 자유로운 발표의 특권이 주어지고 있다. 그럼에도 이런 만능치료약들 중 어떤 것도 사회적 병을 크게 치료하지 못하고 있다.

우리가 학교에서 그와 똑같은 사회적 향상을 시작한다고 가정해 보자. 그것 자체만으로도 얼마나 뿌듯하게 느껴지겠는가. 아이들에게 먹을 것을 주고, 놀이터와 옷, 표현의 자유(선생에게 자유롭게 질문할 권리)를 주라. 이런 작은 것들이 시작이 될 것이지만, 그것으로는 절대로 충분하지 않다. 보다 큰 치료 방법을 배워야 한다.

우리는 출생 후 첫 몇 년 동안에 드러나는 인간의 본성을 연구해야 한다. 그러면 필요한 것이 무엇인지를 확실히 알 수 있을 것이며, 또 치료 방법을 어른보다는 아이에게 적용하는 것이 훨씬 더 효과적이라는 사실도 알게 될 것이다.

굶주리고 헐벗고 침묵당하는 사람들과 번영하고 감사를 표하고 솔직한 사람들 사이에 확실히 차이점이 있지만, 이 차이만으로는 충분하지 않다. 세상을 치료할 묘책은 오직 과학과 계몽된 인격을 통해서만 올 것이다. 음식 한 접시나 옷 한 점, 참정권이라는 선물로는 세상이 치료되지 않는다.

인간이 근본적으로 결여하고 있는 무엇인가가 있다. 그것은 삶이 시작하는 첫 단계에서 찾아져야 한다. 거기서만 열쇠가 발견될 것이다.

이 책 처음부터 끝까지, 상급 단계의 몬테소리 학급을 맡고 있는 선생들은 몬테소리 방법을 준비하는 데 심리학이 큰 비중을 차지하는 초급 과정을 이미 잘 알고 있을 것이라는 점이 전제되고 있다. 그래서 이 책에서는 선생이 아이들을 다룰 때 갖춰야 하는 태도에 대해서는 그다지 강조되지 않고 있다. 그래서 결론을 내리는 자리에서 몬테소리 선생의 태도에 대해 약간 상기시키는 것도 부자연스럽지 않을 것 같다.

초급 단계에서와 마찬가지로 상급 단계에서도 몬테소리 선생이 되기 위한 첫걸음은 자신이 전능하다는 생각을 버리고 유쾌한 관찰자가 되는 것이다. 만약 선생이 자신의 눈 아래에서 사물들이 태어나서 성장해 가는 것을 지켜보는 기쁨에 진정으로 빠지면서 스스로 겸손해질 수 있다면, 그에겐 학생들 앞에서 무오류와 권위를 내세우는 선생들이 누리지 못하는 많은 기쁨이 예약되어 있다.

학생들에게 스스로 무오류의 존재로 행세하는 선생들은 진실과 거리가 먼 망상으로 고통을 겪고 있다. 그들은 아이들이 자발적으로 관심을 키우고 또 의지를 배양하는 것이 필요하다는 점을 인정하지만, 아이들의 의지는 엄격히 통제되고 억제될 수 있어야 한다고 주장한다. 그들의 태도는 그 자체로 모순이다. 억압을 통해 아이들을 발달시키는 것은 절대로 불가능한 일이기 때문이다.

정말 불행한 일이지만, 망상에 시달리고 있는 사람에게는 논리가 통하지 않는다. 그래서 그런 선생들은 학교에 들어가서 자신들의 모순을 행동으로 옮기기 시작한다. 그들은 너무도 쉬운 일을 한다. 억압하고, 명령하고, 파괴하는 일 말이다. 구조가 단순하든 복잡하든 불문하고, 파괴는 너무나 쉽고 또 너무나 빨리 이뤄진다. 누구나 파괴할 수 있다. 그러나 건설은 얼마나 어려운 일인가!

구닥다리 선생은 잠재의식적으로 자신의 미덕에 대해 스스로 높이 평가하고 있다. 그런 선생은 아이가 해야 할 일과 하지 말아야 할 일을 알고 있다는 뜻에서 완벽했다. 그는 자기 앞에 사실들을 가득 채워 넣을 텅 빈 존재들을 두고 있었으며, 그 존재들을 도덕적으로 자신을 닮은 존재로 창조해 나갔다. 신이 아이들을 돕고 있는데 어찌 감히!

영혼 안에 그때까지도 훨씬 더 위대한 또 다른 창조자를 두고 있던 아이들이 선생을 닮으라는 강요를 받고 있었다. 아이들을 "선한" 자신의 모습처럼 만들어 놓겠다며 말을 듣지 않을 경우에 처벌하기로 결심한 선생처럼 되라는 뜻이었다. 그런 선생은 독재자도 되지 못한다. 왜냐하면 역사 속의 예에서 보듯 독재자가 되기 위해선 지능이 필요하기 때문이다.

복종은 절대로 기계적인 것이 아니며, 사회적 응집을 낳는 자연적인 힘이며 의지와, 심지어 의지의 승화와 밀접히 연결되어 있다. 얼핏 보면 이 진술이 놀라울 수 있지만, 그것이 진리이다. 옳은 종류의 복종은 개인의 의지의 승화이며, 인간 영혼의 한 자질이다. 그것이 없으면 사회가 존재하지 못한다. 그러나 진정한 자제력이 수반되지 않는 복종, 다시 말해 깨어나 있고 단련되어 있는 의지의 결과가 아닌 복종은 모든 국가들을 재앙에 빠뜨린다.

이런 것을 아는 선생은 자신의 권력과 권위를 슬기롭게 포기할 것이며, 따라서 자신이 그 상실을 통해서 승리자가 된다는 사실을 깨달을 것이다. 그 선생은 과학자의 인내를, 관찰하는 것에서 큰 이점을 누리는 그런 인내를 성취한다. 과학자들도 인간 존재들이 대체로 매력적이라고 느끼는 것들을 부정하지만, 그런 일로 결코 후회하지 않는다.

우리 모두 퀴리 부인을 기억하고 있다. 어느 대학이 그녀에게 명예 학위를 수여하기 위해 라듐에 관한 연구를 일시 중단시키려 들었을 때, 그녀는 짜증만 났다고 하지 않았는가. 몬테소리 방법에 가장 먼저 호의를 보였던 인물 중 한 사람인 에디슨도 패션 감각이 있던 아내의 뜻에 따라 사교 모임에 이리저리 끌려 다니는 일에 금방 지쳤다. 사교장에 있을 때에도, 에디슨의 마음은 언제나 연구실에 가 있었다. 어느 날 에디슨은 사교 모임에서 집으로 돌아오자마자 넥타이와 연미복을 찢어 둘둘 말아서 "당신의 사교적인 남편은 이제 사라졌어!"라고 외치며 창

밖으로 던져 버리고는 작업을 위해 옛날의 가운을 입고 슬리퍼를 신었다.

 이런 부류의 사람들은 보다 큰 기쁨을 위해서 작은 즐거움을 포기하는 것을 희생으로 여기지 않았다. 그들은 자신을 변화시키고 고상하게 만들 치열한 관심을 불러일으키면서 자신이 가장 하고 싶어 했던 일을 했다. 이 만한 수준의 관심에 이른 선생도 비슷하게 변화한다. 그 선생은 생명의 길을 걷고 있는 행복한 사람들의 집단에 합류한다. 과학자들만큼 확실히, 선생들도 생명의 비밀을 꿰뚫으며, 모든 인류뿐만 아니라 자기 자신을 위해서도 그 보상을 거둘 것이다.